孩子的逻辑

徐井才◎著

新 华 出 版 社

图书在版编目（CIP）数据

孩子的逻辑 / 徐井才著 . -- 北京 ：新华出版社，
2021.7
ISBN 978-7-5166-5921-2

Ⅰ. ①孩… Ⅱ. ①徐… Ⅲ. ①儿童－思维训练 Ⅳ.
① B80

中国版本图书馆 CIP 数据核字 (2021) 第 114947 号

孩子的逻辑

作　　者：徐井才

责任编辑：杨　静　　丁　勇　　**封面设计**：李尘工作室

出版发行：新华出版社
地　　址：北京石景山区京原路 8 号　　**邮　　编**：100040
网　　址：http：//www.xinhuapub.com
经　　销：新华书店、新华出版社天猫旗舰店、京东旗舰店及各大网店
购书热线：010-63077122　　**中国新闻书店购书热线**：010-63072012

照　　排：博文设计制作室
印　　刷：永清县晔盛亚胶印有限公司

成品尺寸：145mm × 210mm　　**开　　本**：32 开
印　　张：7　　**字　　数**：150 千字
版　　次：2021 年 7 月第一版　　**印　　次**：2021 年 7 月第一次印刷

书　　号：ISBN 978-7-5166-5921-2
定　　价：39.80 元

版权专有，侵权必究。如有质量问题，请联系调换：13683640646

前　言

聪明的逻辑代码和笨拙的数据结构

“1+2+3+4+5+……+100=？”

你会做这道题吗？请在30秒内做出来。难度如何？

这是德国著名数学家高斯7岁时，老师给全班学生出的一道考题，当时班上的同学纷纷拼命苦算，却越算越乱，小高斯却在几秒内轻松给出了正确答案——5050。高斯是这样计算的：1+100=101、2+99=101、3+98=101……50+51=101。从1加到100有50组这样的数，所以50×101=5050。

这道考题看似复杂难搞，但它考察的绝非学生们的计算能力，而是如何找到更为巧妙便捷且正确的解题技巧。

其他同学简单粗糙地算算算未尝不可，但强行计算往往会耗费大量的时间和精力，而且难以保证结果正确。高斯却通过观察相关的数学关系，以“x+x =101”的逻辑代码代替了笨拙的“1+2+3+4+5+……+100=？”数据结构，在最短时间内寻找到了最佳解题方法，进而轻松求出了正确答案。

哪一种方法更好？答案显而易见。

每位家长都希望自己的孩子聪慧过人，日后能够有所成就。人的聪慧从哪里来？是与众不同的基因吗？还是从天而降的幸运？都不是。

自《最强大脑》节目问世以来，参赛选手们个个身怀绝技，一次次刷新人们对于聪慧的认知：“世界记忆大师”王峰1小时正确记忆1984个无规律数字；陈冉冉打破世界吉尼斯1分钟算对5题加减心算纪录；年仅12岁的“天才少年”孙弈东才艺超群，各类获奖证书挂起来比人还高……

“最强大脑”背后的奥秘是什么？并非这些人拥有超人一等的智商，而是得益于优异的逻辑思维方式。

“你说的话不合逻辑”“这篇作文逻辑混乱”……我们经常听到有人拿逻辑“说事”。逻辑思维听上去感觉有点玄妙，看不见摸不着，那么，究竟什么是逻辑？逻辑其实就是思考需要遵循的规则，即如何思考。和语文、数学等科目一样，这也是一门基础性的学科，而且是有规律可循的。

不要总觉得孩子还小，现在进行逻辑思维训练为时尚早。事实上，逻辑思维是一种精神活动的表现，逻辑思维能力越强，思维就越活跃、越灵敏。及早抓住孩子思维能力发展的黄金阶段，有计划、有重点、有针对性地探索、引导和培养，将深刻影响孩子的学习能力、思考模式甚至整个生活和人生。

“花半秒钟就看透事物本质的人，和花一辈子都看不清事物本质的人，注定是截然不同的命运。”这是美国电影《教父》中的经典名言。

这种能透过复杂表面看清事物本质的能力，就是逻辑力。在对孩子的教育中，父母一定不能忽视的就是对逻辑思维的培养。当别的孩子还在苦苦思索，不得其解时，你的孩子就能清晰地分析问题，快速找到破局和解题的关键，自然会在竞争中占尽上风，轻轻松松赢在起点，更能赢在未来。

本书集知识性、趣味性和训练性于一体，将孩子学习生活中的常见问题与逻辑学知识结合，以通俗易懂、图文并茂的形式系统介绍了逻辑学的推理论证、能力架构、模式框架等知识。通过此书，家长无须再像“救火员”一样，忙着处理孩子的种种问题，而是真正将“成功钥匙”交到孩子手上。

本书旨在帮助家长清楚了解儿童思维发展的趋势和特

点，从而更好地开展教育教学工作；引导孩子有序、全面细致地观察和思考，理清复杂事物的本质所在；教会孩子有条不紊地安排自己的事情，快速提高学习和做事效率；有逻辑地说话，令孩子开口就能讲重点，让别人听得懂，也喜欢听……

当然，这并非一朝一夕的事情，而是一个循序渐进、长期训练、螺旋上升的过程，必须要有足够的耐心、信心、决心以及恒心，不断反复练习，不断延展反思。在这个过程中，既要掌握科学的逻辑思维方法，也要充分发挥积极性、主动性和创造性，成功打造出自己的独特思维模式。

目录

第一章 孩子的“神逻辑”大多源自思维链断裂

第二章 六维能力解密，逻辑其实没那么神秘

第三章　打通底层逻辑，从“入口”到“出口”

第四章　逻辑是语言的“内核”，排序才是关键

第五章　思维模型+刻意练习=跨越式成长

第六章　逻辑支点：“小”撬动恰恰是大“革命”

第七章　隐性逻辑的“套路”与“反套路”

第八章　超有趣的逻辑实验，让心智“打怪”升级

第一章
孩子的“神逻辑”大多源自思维链断裂

在成长的过程中，孩子们会有许多奇思妙想，也会调皮搞怪，他们的思维很跳跃，总是让人又好气又好笑。这是因为，逻辑具有特有的严密性，而孩子心智尚未成熟，思维上容易“脱节”，从而引发思维链的断裂。如果不想让孩子输在起跑线上，及时引导是关键。

01/ 普通孩子的逻辑思维链是如何断裂的

逻辑看似很深奥很专业，但这种思维说白了就像精练有序的链条一样，一环套一环，一环扣一环，每个节点有一个或多个子节点，相互连接，绵延不断——就像数学证明题，简单的数学证明题会从条件A推导到结论B，而复杂的证明题则会从A推导到B、C、D，再从B推导到E、F、G……

古人根据太阳东升西落、四季轮番交替现象总结出地球的自转和公转定律；根据太阳的周期运动规律编出二十四节气歌……思维是人类天生具备的一项能力，运用已有知识和经验，通过分析、比较、推理、联想等认识和理解事物的本质，掌握其内在特性和规律，这就是逻辑思维。

和诸多的能力一样，逻辑思维能力也是一种潜能，几乎每个孩子都享有发展机遇。

通常，这种发展机遇呈现为四个关键阶段。

（1）感知运动思维阶段

动作是思维的起点，我们人类是通过感官感知周围世界，认识周围的事物及其变化的，这也是逻辑思维的萌芽阶段。3岁前儿童的思维以运动思维为主，他们会在不断操作的过程中了解动作与结果之间的关系。比如：手里拿着的东西，一松手就会掉落；啼哭往往会引起父母的关注……

（2）具体形象思维阶段

3—7岁，儿童的思维会进一步发展，由动作思维逐渐进入具体形象思维，但由于缺少立体感和空间感，他们会把看到的某个物体或事物与自己知道的具体、形象的物体或事物进行联系。比如，当提及圆圆的、甜甜的，很好吃的东西时，他们很容易联想到自己认识和熟悉的西瓜、荔枝等。

（3）抽象逻辑思维阶段

7—12岁是儿童抽象逻辑思维能力的发展阶段，这个阶段的孩子开始对比较抽象的物体形成一定的概念。比如，从侧面观察魔方的时候，即便只能看到魔方的两个面或者三个面，他们也知道魔方不止自己看到的一侧而已，而是由六个面组成的立体图形，而且六个面涂有不同颜色。

（4）接近成人思维阶段

12—15岁儿童的思维水平已经接近成人水平，他们会超越对具体的可感知的事物的依赖，熟练地运用逻辑推理、归纳或演绎的方式，像大人一样相对理性的思考，并且找到较为合理的方法解决问题。

看到这里，有人可能要问既然机会是均等的，为何孩子们会有逻辑能力的强弱之分？这是因为，现实生活并非简简单单的数学证明题，而是存在无数复杂的限定条件和影响因素，从一个问题出发，可以衍生出不同的思考方向和思维层次。通常，逻辑链条延展得越长，思维能力就越深刻。

提一个问题，化学中的“H_2O”是什么状态？

“H_2O”是水的化学符号，了解这个常识的人很容易得出“H_2O”是液体状态的结论。然而现实中现象和本质并非完全一一对应的关系，同一现象可以表现不同的本质，同一本质在不同条件下也会表现为不同的现象，正如“H_2O”在0和100摄氏度之间是水，此时呈现液体状态；“H_2O”在0摄氏度以下是冰，此时呈现固体状态；“H_2O”在100摄氏度以上是蒸汽，此时呈现气体状态。

——现象跟本质的关系复杂多变，一些孩子之所以逻辑能力较弱，往往源自他们思考问题时只关注眼前的、表面的、浅显的内容，而缺乏长远规划、全局掌控的宏观视角。如解答数学题时只能往后推论1—2级，下象棋时只能考虑1—2步，又或者对事情发生时的原因只能分析出直接因素。

逻辑思维讲究的是严格推演和严密因果，只着手表象，着手个体，着手特殊，而不是寻找本质、共性和普遍性，对现象跟本质的复杂关系认识不足，也缺乏切换视角的灵活度，就难以形成认知较长的、结构严密的思维链条，思维就容易是混乱的、漏洞百出的，乃至往往是错误荒谬的。

辅导女儿数学加减法时，我曾有过一番痛苦“折磨”，明明反反复复教“2+3=5”，女儿也记住了，可换个说法“2个苹果+3个苹果=？个苹果”时，她就会胡答乱答。

有愤怒，有无奈，有不解，最终我发现，问题出在逻辑思维的缺失。

我把苹果放在女儿面前，是希望她能理解数量与实物的关系。但把一个具体的苹果和一个写在纸上的“1”关联起来，需要孩子在思维中完成一个巨大飞跃——从具体形象思维上升到逻辑抽象思维。当孩子不具备这种能力时，即使记住“2+3=5”，仍然答不出2个苹果+3个苹果=5个苹果。

教育的本质不是学会孩子知识，而是学习科学的思维方式。

当逻辑思维链发生断裂时，孩子的表现形式各异。

注意力不集中，容易分心、缺乏耐性；

动手能力弱，经常拖拖拉拉、丢三落四；

对自己非常自信，乃至自大、自傲，缺乏自知之明；

比较守旧、顽固，不愿接受新事物，也不愿接受别人的意见；

遇到复杂问题时，容易手忙脚乱，不知所措；

……

这些现象均是信号！告诉你：孩子需要真正的帮助，这也是为人父母的责任。毕竟，孩子的逻辑思维能力与个人因素有关，也与后天的成长和培养有着密切关系。

神奇小逻辑 玩出大智慧

观察下列几组等式，你能算出最后一组的答案吗？

★+★+★=9

●+★+★=11

●+●+◎=17

★+●+◎=?

正确答案为15。

答案解析：

根据3★=9推出★=3。

●+2★=11，已知★=3，推出●=5。

2●+◎=7，已知●=5，推出◎=7。

★+●+◎=3+5+7=15

02/ 那些我喜欢的东西，都是我的

“这个是我的……”

发现了吗？当孩子到了一定年龄，一般为两三岁时，性

格和行为上就会出现“自私又霸道”的趋势。玩具是他的，零食是他的，家里的小狗是他的，甚至连空中飘落的一片树叶、地上的一块石头也是他的。只要是他喜欢的东西就要占为己有，碰都不让别人碰，甚至别人多看两眼都不成。

身为父母，我们都希望自己的孩子大方得体，当孩子叫嚣着“这个是我的……”时，我们脸上往往会“挂不住”，觉得这是一种没有教养的行为，更担心如此发展下去，孩子长大以后会变本加厉地变得自私冷漠、霸道无理，于是不少父母会指责孩子，甚至采取强硬措施逼迫孩子分享。

其实大可不必，在我看来孩子之所以一直强调“我的”，恰恰证实了孩子产生了一定的物权意识，这是逻辑上的一大进步。

孩子两三岁时，随着自我意识的不断发展，会渐渐意识到自己的独立存在，产生独立思考的能力，并且开始学着区分主体和客体的关系。由于大脑尚未发育健全，这时孩子的思维往往是从“我”出发的，仅从自己的角度去观察和认识外部世界，这是一种明显的“自我中心”的逻辑。

一位妈妈即将过生日，两个儿子一起拿着储钱罐的零钱，跟着爸爸去商超给妈妈挑选礼物。12岁的哥哥选了一个精致的手链，4岁的弟弟则选了一辆玩具汽车。在这里，弟弟的行为就是“自我中心”的逻辑方式，因为他挑选礼物时依赖于自己的想法，认为自己喜欢的东西，妈妈也会喜欢。

“自我中心”并不是自私或性格缺陷，而是无法从宏观的、完整的、外在的视角客观审视自己。培养逻辑思维的一个核心任务，就是不能只站到自己的角度来看待问题。

逻辑思维是随着认知能力、社会化发展以及外在引导养成的，这也是从“自我中心”到“去自我中心”的过程，孩子通常要长到六七岁时，才能“去自我中心”，清晰“你的”“我的”“他的”等区别，也会在“利己”意愿中形成“利他”的逻辑，这时他们自然而然地就会懂得与人分享。

受现代教育理念的启发，现在很多家长都很注重培养孩子分享的美德，认为这样也能帮孩子克服“自我中心”的行为问题，但分不分享，需要考虑孩子的实际情况和真实想法。强迫要求孩子分享，虽然能够促进孩子的“去自我中心”，却可能导致其需求得不到满足，埋下心理问题的隐患。

关于孩子的“自我中心”思维，家长不能简单地指责为自私，更不能随意斥责或批评，而应当以尊重为主、引导为辅。事实上，我们成人不也经常以自我为中心考虑问题吗？抱怨一直没有电话，偏偏准备休息时来了电话；一直没下雨，偏偏自己要出门了就下雨了，偏偏有急事时路上堵车……

幼儿的“自我中心”是不了解别人会与自己观点不同的事实，这时候，可以通过提供丰富的材料和环境，让他们自己观察、自己动手操作，从而从主客体不分的状态中分离出来。

我们可以将物品所有权的相关概念告诉孩子，帮助孩子尽早形成“你的”“我的”“大家的”等物权意识，同时告诉孩子，自己的东西属于自己，自己有权支配自己的东西，你可以决定分享，也可以不分享。也要让孩子明白，别人的东西属于别人，没有经过允许，是不能随便动的。

我们还可以和孩子一起将物品进行分类，哪些是愿意分享的，哪些是不愿意分享的，如何分类由孩子自己决定，给孩子可以自由选择的空间。这个原则会帮助孩子形成比较清晰的物权意识。随着年龄的增长，这种逻辑认知会逐渐变成道德和精神上的自律，更有益于孩子的成长与发展。

在我们家里，每个人都有专用的储物篮，而且还贴着各自的名字。女儿的储物篮里放着她的各种玩具、绘本、彩纸等，其他人是不可以随便拿走的。“我想看一下你的绘本，可以吗？”我会事先征求女儿的意见，得到允许后才会取出来，并且认真地说“谢谢”。反过来，女儿同样也要如此。

这样做的好处是，利于孩子“心理安全”和“心理自由”的发展。“心理安全”是外在的环境，需要一个人们彼此尊重、不受威胁的安全环境。“心理自由”是内在的精神，能使人敞开思维，接受经验并获得自我力量。一外一内激活大脑能力，这对逻辑思维的发展和提高至关重要。

幼儿以具体形象为主，家长可利用角色游戏进行移情训练。例如，当孩子总是不愿意把自己的玩具给玩伴玩时，可以问他：“如果你去别人家里玩，别人不让你碰他的玩具，你会开心吗？”通过这种移情教育，让孩子了解他人的情感、需求和活动，实现从“自我中心”到“去自我中心”的转变。

另外，孩子的模仿能力和塑造性特别强，在平时的生活中，父母要善于抓住时机为孩子做好示范作用，如用好吃的东西热情接待客人，邻居前来借用物品时不要吝啬。当父母有什么快乐的事情时，主动分享给孩子们听。在潜移默化中，孩子就会建立分享动机，养成慷慨大方的行为习惯。

说到底，分享的本质不是大方、不抠门的行为，而是由内而外、由“我”及“他”的思维方式。这，才能让孩子真正走出窄小的私有空间，变得博大起来。

神奇小逻辑 玩出大智慧

找出以下不同类型的一项(　　)

A. 碟子

B. 碗筷

C. 蒸锅

D. 米饭

正确答案：D。

答案解析：碟子、碗筷、蒸锅均为厨具，米饭为食物。

03/ 想“吃糖”是前因，所以才会哭

“哭”，是大多数孩子常做的一件事情，不少孩子更是将哭当作“杀手锏”，一旦自己的需求没被满足，或者发生不如意的事情，他们就会大哭大闹发脾气，甚至满地打滚耍赖……对于孩子的这种行为，家长们常常既无奈又焦虑，同时也会陷入一种两难的境地：是严格压制还是赶紧妥协？

其实，每当孩子动用这种“武器”时，父母不必第一时间进行干预，不妨认真思考下，为什么孩子会用哭闹来要挟大人？孩子哭闹背后的逻辑又是什么？

从心理学上讲，哭闹是一种宣泄情绪、表达意愿的方式。尤其对于孩子而言，他们缺乏沟通能力，不擅正确表达意图，如果通过一哭一闹就能起到作用，那是再好不过的事情了。一个频繁大哭大闹的孩子背后，往往有个轻易妥协的父母。这，正是源自“爱哭的孩子有糖吃”的逻辑认知。

一开始不允许孩子吃糖，可孩子一哭，马上剥一块糖塞

进他嘴里；

一开始不允许孩子玩土，可孩子一闹，立马松口“好吧，就玩一会”。

……

立刻满足孩子的要求看似有效，但是恐怕只治标不治本。孩子的思维逻辑往往非常简单，一旦他们觉察到哭闹就能取得想要的结果，很容易形成这样的逻辑——哭闹=满足。于是，想要什么就用“哭闹”的方式，若是哭过、闹过后没有达成目的，那就是力度不够，需要加劲用力哭，使劲儿哭。

为什么孩子会产生这种逻辑？这涉及斯金纳的“操作性条件反射”，“操作性条件反射”指的是一个操作发生后，如果及时给予强化性刺激，那么其强度就会增加。为此，斯金纳专门做了项实验。在实验室里，两只鸽子只要一抬头就会得到食物，通过这样的强化刺激，斯金纳最终把鸽子训练成乒乓球手。

孩子的哭闹行为，正是这样的因果关系。大人本来不想买玩具，结果孩子一哭闹就满足，孩子尝到“甜头”，行为不断得到强化，渐渐就将“哭闹”使用得炉火纯青。因此，孩子一哭闹就轻易让步和妥协的父母，往往更容易让孩子“钻空子”。长期下来，不仅教育无法贯彻，孩子也会难以管教。

那么当孩子又哭又闹时，我们应该怎么处理？

不要孩子一哭闹就“缴械投降”，什么要求都满口答应下来。要让孩子知道，爸爸妈妈不是万能的，也会有做不到的事情，不是你的每一个要求都能够满足。比如，当孩子开始哭闹时，语气平和地告诉他：“妈妈知道你很喜欢小狗，但是狗可能咬人伤人，而且家里会变得不卫生……”

拒绝孩子的种种要求时，可以适当地进行安慰，比如帮忙擦眼泪，安静地陪着孩子，用温和坚定的目光看着孩子。等孩子的情绪冷静下来后，给他一个大大的拥抱，表扬他战胜了自己的情绪。经历过这样的“待遇”后，孩子就会发现，哭闹是否带来了结果？并没有，事情没有得到解决。

任何无理要求撒泼哭闹都是没用的，第一次就处理好孩子的哭闹问题，不让孩子产生错误的逻辑认知，才能避免以后无数次的哭闹“博弈”。

当然，我们绝不能只针对表面的哭闹行为，而是应该深挖孩子哭闹的原因。所谓“哭闹”，其实是孩子的一种直接诉求，是他们表明需要的方式。我们知道，当孩子的语言能力尚未发展完善，不能明确地表达清楚自己的想法时，他们只能通过简单粗暴的哭闹行为来争取父母的注意和妥协。

想“吃糖”是前因，所以才会哭，这就是孩子的逻辑。为此，我们需要和孩子建立起合理有效的沟通模式，鼓励和引导孩子正向交流，通过合理的方式表达自己的需求。比如，告诉孩子：“以后你想要什么，能不能跟我好好说，如果你能成功说服我，给出的理由很充分，我就会答应你的要求。”

年幼的孩子很难理解哭闹行为的不妥之处，及时给予孩子正确的引导，教会孩子合理地表达内心感受，建立彼此信任、理解和尊重的亲子关系，这样才能真正做到治标治本，有效避免孩子把哭闹当“武器”。

神奇小逻辑 玩出大智慧

如果“图书”相对于“阅读”，那么“洗衣机”相对于（　　）

A. 智能化

B. 电器

C. 洗衣服

D. 方便快捷

正确答案：C。

答案解析：“图书”相对于“阅读”，描述的是用途，“洗衣机”的用途是洗衣服。

04/ 越比越糟！
你比的是成绩，孩子比的是爱

“别人家的弟弟都会说英文了，你连字母还不认识。”

“隔壁的小姐姐这次期末考试又考了第一，再看看你。”

“听说你的同桌都是三好学生了，你怎么没做到？”

……

在教育孩子的过程，你是否也经常说类似的话？

每个父母都希望自己的孩子成才，通过“别人家的孩子”来要求自己的孩子，也是目前许多家长惯用的“伎俩”，目的是让孩子通过比较看到自身的不足，激发竞争意识和进取心，“知耻而后勇”，以此来从而能变得更加优秀。然而结果真如期盼的那样吗？孩子真能奋起直追，打赢PK吗？

很多时候，未必！据我观察，当家长对孩子寄予期望时，孩子会树立起自信心，主动积极地投入到学习中去，并充分发挥自己的积极性、主动性、创造性等。然而，如果家

长总拿自己的孩子和别的孩子随便比较，尤其总拿自家孩子的不足与别的孩子的长处相比，孩子会很容易产生挫败感，经常自我否定。

孩子最期望从成人世界获得的是什么？是肯定，是认可，他们对自己的认识也往往来自成人的评价，尤其是父母。同时，孩子的心理是敏感的，也是脆弱的，当父母总拿别人和自己比，用别人的长处刺激自己时，他们会在潜移默化中形成这样的逻辑：“我是不好的，我不值得被爱。”

当在父母这里感受不到尊重和爱时，孩子会失去与父母沟通的意愿，跟父母的关系也会渐行渐远，后续的教育将会变得更加艰难。

在电影《阳光普照》里，弟弟阿和原本活泼可爱，可是长大后他逃学早恋，打架斗殴，还因打伤了人被关进少管所。这样一个坏孩子是怎样被养成的？——比较。阿和有个学习优秀的哥哥，妈妈几乎每天都会拿兄弟俩对比，这让阿和越来越讨厌这个家，后来采用极端方式来获得自我认可。

最好的教育，从来都不是比较。

作为家长要明白，孩子的年龄尚小，所作所为不可能全部让我们称心如意，有时难免出现我们认为“不争气”的现象。此时，应当学会用欣赏的眼光看待孩子，发现孩子的优点和特长，并经常给予孩子鼓励。这会增强孩子的自信心，引导孩子不断提高自己，效果往往会理想得多。

渴望被肯定是每个人正常的心理需求，孩子们更是如此，他们会直观地从父母的评价中感受父母对自己的在乎和爱，这就是孩子的思维逻辑。

我们都知道自信对于孩子的重要性，其实从本源上说，孩子那些所谓的“我的想法”“我的认识”“我的自我感知”，很少单纯地来自自身，大部分来自父母这个最初的权威。父母对于孩子的肯定，会内化到他们内心深处，进入到潜意识深处，成为自身的一部分，进而形成所谓的自信。

这种现象在心理学中有个专有名词——皮格马利翁效应，也叫罗森塔尔效应，意思是当我们对一个人传递积极的期望时，就会促使他进步得更快，发展得更好，尤其在儿童阶段。

不要去比较，为了激励孩子，如果非要比较，不妨让孩子自己跟自己比。教会孩子客观地评价自己，经常问问自己：“我现在各方面表现如何？有什么优点？有什么缺点？跟以前比较我哪些方面有了进步？我有决心再上一个新的台阶吗？……”以这样的逻辑进行思考，孩子才能获得更好地成长和进步。

女儿生性活泼好动，刚上幼儿园的时候，超过三分钟就会坐不住，老师一讲话她就到处乱跑。“老师今天表扬你了，说你在幼儿园表现很棒，如果老师讲话时，你能安静地坐下听听，就更棒了！”“你今天比昨天进步了，你今天可以在位置上坐10分钟了，老师说你明天也一定会做得很棒。”

……

正是在这样一次又一次地鼓励中，女儿后来的表现越来越理想。通过这件事，我意识到相信孩子自身的力量很重要。相信女儿在这个过程中，也在不断收获着自信。

世界上没有完全相同的两片树叶，每个孩子从生下来就是不同的，遗传天赋、性格特质等各种不同，注定他们彼此之间没有什么可比性。做父母的，要认识并接受孩子之间的差异，重要的是发自内心地接纳孩子，发现孩子身上的闪光点，在这种逻辑引导下，孩子才能积极地自主思维。

教育家马卡连科说：“尊重孩子间的差异，挖掘属于孩子自己的秘密武器，总比用别人的长处攻击自己强。”

我们教育的初衷，不正是帮助孩子成为更好的自己吗？

神奇小逻辑 玩出大智慧

这天，王婆婆的鸡舍里混进了一只鸭子。假如鸡鸭排成一排，正着数鸭子是第6个，倒着数它是第4个。请问，王婆婆的鸡舍里养了几只鸡？

正确答案：王婆婆的鸡舍里养了8只鸡。

05/ “人来疯”的背后可能是隐藏的落寞

当家里来了客人，平日还算听话乖巧的孩子，就像变了一个人似的，突然变得好动，爱说话，爱展示自己，甚至一反常态，谁的话也不听，礼貌也不讲了，也克制不住自己，仿佛一只脱了缰的小野马。

想必，这是不少家长头疼的一个问题。

这种以有无外人为条件的突然性的性格转变，我们常常称之为“人来疯”。“人来疯”一般出现在10岁以前，以3—7岁为主要阶段，是幼儿在客人面前表现出来的近似胡闹的一种异常兴奋的现象。大多数父母认为“人来疯”是因为孩子淘气，事实上这是逻辑思维尚未成型的缘故。

孩子2岁之后，随着自我意识的增长，他们会渴望通过成人的尊重和关注获得自我认同感，这是一种心理需求和情感需求。但受心智水平所限，他们的思维以具体形象为主，往往习惯通过外在的表现进行表达，于是就会出现一些在大人看来“怪诞”的举动，如大声地说话、夸张的动作等。

另一方面，父母的行为也会导致孩子的“人来疯”。比如，有些父母因工作原因，平时很少陪伴孩子，或者过度严厉管束，抑制了孩子爱玩的天性。客人的到来给孩子带来了新鲜刺激，孩子感到好奇、兴奋，加上自制力较差，无法自我调适，就会在不自觉的情况下频繁做出“反常”行为。

明白了孩子“人来疯”的原因所在，想要彻底解决这一问题，父母在平时就要给予孩子充分的关心和足够的安全感。

孩子对大人的认同反应非常敏感，他们随时关注着父母和周围人的眼神、表情，并以此来判断自己是否受到关注。在日常教育中，尽可能多地陪伴孩子，及时发现孩子的闪光点，及时给予鼓励和赞美，这会让孩子获得充分的安全感，内在的心理需求被满足之后，“反常”的概率就会降低。

孩子很难判断自己的做法是否正确，又会对别人产生哪些影响。为此，在客人来访或外出前，可以提前给孩子打打“预防针”，教给孩子一些待人接物的礼仪，比如，主动问候、大人问话时要回答、大人讲话时不插话等，并规定赏罚办法。这利于孩子形成正确认知，进而自觉约束言行。

当家里来客人的时候，我不会将女儿排除在外，而是鼓励她当小主人，和我一起张罗着给客人倒茶、拿水果等事情，女儿从中不仅学会了待客之道，而且还因为做了主人而获得成就感和责任感，而不会随意打扰客人。

孩子希望得到大人的关注和认可，这一渴望是否得到满足，对孩子的人格、自尊和自我意识的发展具有非常重要的意义。

当孩子“人来疯”的时候，还可以创造机会让孩子正当地表现自己，比如，根据孩子的特长和爱好，安排孩子在众人面前唱支歌、弹段琴、画幅画、跳个舞或练拳脚等。当众获得别人的夸奖，孩子会觉得自己很棒，一旦获得这种自我肯定感，也就无须通过捣乱来吸引注意力和博取关注了。

当需要女儿适当回避时，我会认真地和她解释。“爸爸跟阿姨一会儿谈工作上的事情，你先回自己的房间看看书，一会我们一起看看你昨天学习的舞蹈，好不好？”当女儿表现很好时，我会及时给予她表扬，结果是，孩子被关注、被宠爱的心理获得了满足，就不会轻易“人来疯”了。

“人来疯”的孩子内心非常渴望与人交流，而且自我表现欲望很强，也很少会怯场，这正是社交场所的重要素质。随着心智的不断成熟，思维能力的不断发展，孩子在言行、情感等方面的稳定性会逐步增长起来。只要父母平时注意教育和引导，他们一定会变得既有教养又不失活泼。

神奇小逻辑
玩出大智慧

在括号里填上一个字，使其与前面的字组成一个词，又与后面的字也能组成一个词。

防（　　）撼

正确答案：震。

06/ 是不是所有的竞争对手都是“敌人”

3岁左右时，孩子会逐渐产生强烈的自主意识，也会陆续出现生存、求知和寻找同伴的本能，同时形成较为普遍的竞争思维。比如，这时的儿童能够根据自己的经验进行自我评价，这种评价的依据就是竞争。

“竞争”本身是个比较中性的概念，但由于儿童期的思维是以自己为中心的，这一阶段的孩子往往会过于关注自我，具体形象占据主导地位，因此不具备对事物进行全面分析的能力，很容易出现“竞争就是你死我活，你输我赢”“对手就是肉中刺，眼中钉”等固有的竞争思维模式。

莉莉和妍妍是同桌，两人关系一直不错。妍妍作文写得特别好，每次作文课上都会得到老师的夸赞。可这次作文课上，莉莉的作文却拿到了全班最高分。一整天，妍妍都闷闷不乐，对莉莉也爱理不理，还生气地和别的同学说："哼！莉莉肯定是事先知道了作文题目，或者碰上了好运气……"

既"争强好胜"，又"输不起"，这是孩子们致命的弱点。

在心理学上，一个人的行为可归因为某种特定的动机或情绪，动机又分外内部动机和外部动机。竞争思维源自外部动机中的"成就动机"，这是一种以高标准要求自己力求取得活动成功为目标的动机。如果某一件事情"输掉了"，超出了自己心里希望"赢"的预期，就会引发孩子的不适感。

更准确地说，孩子渴望展示自己的力量和智慧，而不想在同伴面前示弱。

明白了这一点，我们教育孩子时就要从以下几个方面入手：

尽早让孩子明白，竞争是客观存在的。试图在某个领域比别人做的优秀是非常正常的心理状态，也是积极上进的表现。但每个人都有自己的长处和优点，不能处处都要求自己比别人强，更为了掩饰自己的某方面缺陷而逃避竞争，通过积极的学习和努力达到想要的结果才是积极的竞争态度。

竞争不是对立的、封闭的，而是协作的、发展的，双赢才是根本。以合作为前提，大家互相学习，互相支持，只有良性的，公平的竞争才会让人感到快乐，才能不断发展自己。万万不可以“对手”就是要将对方比下去、拽下来的心态进行竞争，如此孩子不会有什么发展，而且会变得自私狭隘。

“她没有我聪明，也没有我用功，凭什么成绩比我好？我不要和她一起玩”“我发现他数学作业题做错了，但我不想提醒他，这样我的名次就可以靠前一些”……当孩子出现这种情况时，家长一定要及时发现并且加以引导，给孩子讲一些对手之间惺惺相惜的英雄故事，比如李白和杜甫。

很多孩子之所以将竞争对手视为“敌人”，其实很多时候就是把竞争的结果看得太坏，认为自己一旦输了就是技不如人，将输的结果等同于失败。这显然是片面的，这时我们做父母的应该多关注孩子的优势，而淡化竞争的结果，努力鼓励孩子做好自己、发现自己，只要凸显进步就是最棒的！

一次，女儿放学一回到家就跑到房间里大哭。原来是孩子考试没考好，我一看99分，差1分就满分，这不是值得高兴的事吗？

“你很棒呀！考了这么高分数，为什么还伤心？”我问。

女儿哭着说：“可我没有到100分！班上有好几个同学都得了满分。我担心，老师只喜欢他们，不喜欢我了。”

我安慰道：“我觉得你已经很棒了，得不得满分没关系，关键是你已经尽力了，这个过程很重要。我相信老师也看到了你的努力，不会不喜欢你的。”

女儿想了一会，最终甜甜地笑了。

平时，我们还可以多跟孩子玩策略性的游戏，比如下棋、猜拳。不要为了照顾孩子的情绪而进行哄骗和迁就，这会让孩子形成对事物的错误判断。认为“我就是厉害，比你们都厉害”！不如对输赢保持实事求是的态度，帮助孩子清楚地了解自己的强项和弱项，提高对输赢的接受度。

对于自我意识刚萌芽的孩子而言，观察、了解和评价自己的过程是复杂且混乱的，好在自我认知的形成是一个循序渐进的过程，随着年龄的增长，孩子们会逐渐从笼统到具体；从只关注自己，不考虑别人，到与别人的对比中建立认知；从只关注自身优点，到发现自己既有优点也有缺点。

当“自我意识”获得充分发展，且由“自我意识”向“他人意识”过渡时，孩子们也就学会了如何看待合作与比赛，竞争中的输赢。处理好自己和他人的关系——这是培养竞争力的正常顺序和逻辑。

神奇小逻辑 玩出大智慧

数一数，你看到了多少个正方形？多少个三角形？

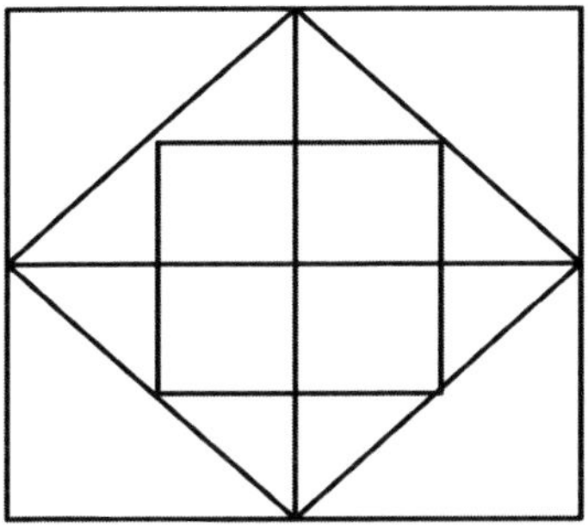

正确答案：正方形11个，三角形24个。

07/ 80% 的亲子冲突，源自逻辑上的不通

一说到“亲子冲突”，相信很多家长的心会为之一颤。

为什么？因为“痛”！

写作业磨磨蹭蹭，苦口婆心说了又说，他却不乐意听。

你给他拿积木，他却非要闹着玩小汽车。

辛辛苦苦做好的饭菜，端到桌上挑三拣四，唠叨几句还要脾气不吃了。

……

随着孩子的不断成长，亲子关系不再像婴儿时期那么和谐，类似的亲子冲突和矛盾会不断开始上演。辛辛苦苦养大的孩子不仅会顶嘴了，而且专挑惹恼父母的事情做，专拣刺痛父母的话说，再好的脾气也会被他们分分钟气到暴跳如雷，一不留神就可能掀起一场腥风血雨式的家庭大战。

为什么会这样？80%以上的亲子冲突或矛盾，其实来源于家长与孩子的“思维逻辑”出了问题。每个人都有自己的思维逻辑。家长有自己的逻辑，在家长的思维中，我是家长，你是孩子，孩子就必须听家长的。可孩子也有自己的逻辑，他也会认为自己的想法是正确的，于是冲突就产生了。

“快吃一个苹果。”

“我不要吃。”

“苹果有营养。”

“不，我喜欢橙子。”

当彼此之间的思维逻辑不同时，就如同孩子想吃一个橙子，你却给了他一个苹果。因为逻辑不同，父母不知道孩子在想什么，孩子也不能理解父母的一片苦心。大人尤其喜欢用自己的思维模式“框”孩子，可孩子的天性是灵动的、自由的，自然会觉得被束缚，不舒服，进而要拒绝，要反抗。

你给他选苹果，他偏要吃橙子；你给他拿积木，他却非要闹着玩小汽车……这表面上看是孩子在“无理取闹”，其实是孩子自我意识的萌发。当幼儿能够独立行走后，也开始了对外界环境的探索，他们不再满足于被别人控制，而是努力表述并执行自己要求独立的愿望，这是幼儿独立性的表现。

然而由于认知能力有限、知识经验缺乏、言语理解能力发展不足等，幼儿的思维必然是从“自我”出发的，也没有能力协调自己和别人的观点。家长若不了解这一点，总希望以自己的逻辑去改变孩子，即便孩子最终妥协了，也只是暂时平息了紧张关系，而没有从根本上解决问题。

这就好比一座冰山，冰山之上的雪化掉了，但冰山之下的岩浆依旧在涌动。

那么，如何解决亲子矛盾呢？

作为家长，第一步就是改变自己的思维逻辑。

父母的初衷很多时候自然是为了孩子好，但前提是，我们不能把自己的意愿放在第一位，一切从成人的立场出发去解决问题，而要学着站在孩子的立场去思考，从孩子的角度理解他们的行为，不仅应该了解孩子的愿望和要求，更应该让孩子体会到作为独立个体应受到的理解和尊重。

有一次我让女儿自己吃饭，自己去清理厨房卫生，结果不到一分钟，女儿就将喜欢的“芭比娃娃”扔进了自己的饭碗里，而饭碗里面还有半碗饭。

为什么不体谅我的辛苦？我的情绪一下子上来了，但转念一想，抱怨和责怪能解决问题吗？想了一下，我耐着性子问道：“宝贝，我看到你把芭比娃娃放进了饭碗，你这样做，是在玩什么游戏吗？”

“我想让她也吃饭饭。”女儿软糯糯地回答。

原来如此，我因女儿暖心的行为感动地说：“你真是一个贴心的好朋友，不过吃饭一定要讲究卫生，这样你和娃娃会吃坏肚子的，你们都需要各自专用的餐具。现在，你愿意把她拿出来，我们再去重新盛一碗饭吗？”

“好。”女儿欣然同意。

注意，猜测孩子的想法时不要连珠炮发问，也不要强迫孩子，要给孩子自由思考的空间和时间，也可以根据孩子的表情作出判断。无论孩子调皮捣蛋还是哭闹不止，学会用孩子的逻辑找到问题的核心，从而用“无比的耐心”想方设法地去化解它，这种方法往往比嘶吼和打骂有效得多。

正可谓“思维决定行为”，思维上的逻辑调整好了，行为模式自然会有所改变。当家长实现这一伟大转身的时候，孩子也必然会随之改变，亲子矛盾才能消灭于无形之中。

神奇小逻辑 玩出大智慧

如果1+5=12、2+10=24、3+15=36、5+25=?

正确答案：60。

答案解析：

1+5=（6）×2=12

2+10=（12）×2=24

3+15=（18）×2=36

故得出，25+5=（30）×2=60

第二章
六维能力解密，逻辑其实没那么神秘

逻辑思维不是简单的再现和机械的重复，而是六维一体的可视化搭建系统。所谓“六维一体”不复杂，也不神秘。对于孩子来说，就是从观察力、阅读力、创造力、推理力、记忆力和行动力着手“布局”，搭建全方位、多层次、立体化的思维体系。

六维能力解密1——观察力是聪明大脑的“眼睛”

“进化论”奠基人达尔文曾说：“我既没有突出的理解力，也没有过人的机智，我只是对事物仔细观察的能力超过中等水平的人。”

对于这句话我深表赞同，因为据我观察，那些观察力强的孩子通常都很有逻辑力。比如，陪伴许多人童年时光的《名侦探柯南》，男主柯南就是因为每次都能在现场透过表象抓到细节，也就是所谓的蛛丝马迹，进而能够第一时间进行推理，将整个案情带动到高潮，又快又好地破案。

观察力究竟有什么用？我先从什么是“观察力”开始说起吧。在《汉语词典》中，“观察力是大脑对事物的观察能力，如通过观察发现新奇的事物等，在观察过程中对声音、气味、温度等事物有一个新的认识”。对于孩子来说，观察力是获取更多信息、发现事物联系、认知世界的基础。

试着回忆一下，当孩子好奇地东看西看时，你是如何做的？

“这些蚂蚁在做什么？打架吗？”

“枫树的叶子怎么是这个形状的？”

……

“树叶没什么用的，脏脏的，快丢掉！”“快别看了，小心蚂蚁咬你哦！”类似这样经常打断孩子的做法，其实在扼杀孩子观察力的同时，也在阻拦孩子与外界的信息交流。

在孩子的认知活动中，至少有70%的信息是通过视觉所获得的。如果孩子的观察能力不足，就容易出现各种认知困难，如难以分辨物体的异同，将字母及数字混淆等。一个孩子在观察的准确性、有序性上有所欠缺，就容易混淆空间、顺序、序列等概念，何谈去进一步思考和分析呢？

在很大程度上说，观察力的强弱决定了孩子逻辑力的高低。

有些父母可能会说，观察嘛，就是用眼睛看，简单！

可以肯定的是，观察绝不仅仅是用眼睛“看”那么简单，尤其是对年幼的孩子而言。我们经常说“孩子是天生的观察家”，大多数孩子都喜欢东看西瞧。但是这种“看”往往是随机的，并没有带着刻意的目的去观察，表现出来的状态就是喜欢什么就看什么、看到什么就是什么。

我所强调的“看”，是一种有目的、有计划、有顺序的活动，是对事物细致地、全面地、深入地“看”，这也是大脑主动参与思考的过程。那些真正具备观察力的孩子，会使用一个个的思维推理来引导自己下一步的观察。这也就是为什么，很多人都能“看到”苹果落地，而唯独只有牛顿发明了“万有引力”；很多人都能看到鸟儿在天上飞，却只有莱特兄弟成功发明了飞机。

由于孩子缺乏生活经验和系统的观察力，在观察之初，父母要及时借助科学正确的方法，有目的地引导孩子观察。有顺序地观察、多感官参与观察，都是好方法。

所谓有顺序地进行观察，就是父母可引导孩子根据观察对象的外部特点，按照从整体到局部或从局部到整体、从上到下、从左到右、从外到内等顺序进行观察。也可以引导孩子从远处、近处、正面、侧面等各个角度进行观察。这种富有条理性、有序性的观察，有利于孩子准确认识事物。

比如茅盾的《白杨礼赞》，让孩子效仿其中的观察方法：看白杨树笔直向上的整体外形特征，再有序地看干、枝、叶、皮等局部的细节特征。

观察力绝不局限在某一路径，而是借助于多条通道。在观察训练中，最好让孩子多感官联动：用眼睛看一看，用耳朵听声音，用嘴巴尝尝味道，用鼻子闻闻味道……这样的观察才是立体的、全面的。这样，孩子对外部世界的认识就会越来越清晰和透彻，自己逐渐摸索出很多的规律。

女儿第一次吃西瓜时，我举办了一次特别的“吃瓜”活动。先让她观察西瓜没有切开的样子，如瓜皮的纹路是什么颜色，用手摸一下瓜皮的质感，敲一敲，听听里面的声音；西瓜切开之后，再让她观察里面的瓜瓤、籽的形状、颜色，用鼻子闻闻是什么味道，最后才是尝一尝。整个“吃瓜”活动结束后，虽然女儿当时还不认字更不会写字，但是一篇形象生动的口述作文就有了。

正如孙悟空的“火眼金睛”在太上老君的八卦炉中煅烧一样，孩子的观察力也要在具体的观察活动中不断锤炼才能逐步发展起来。根据孩子的年龄特点，逐步加大难度，循序渐进地引导孩子积极探索，随后你会惊喜地发现，孩子观察到的内容越来越丰富，逻辑能力就这样慢慢形成了。

神奇小逻辑 玩出大智慧

老虎是森林里的大王，一天，它身上的斑纹突然不见了。你能帮它找到吗？

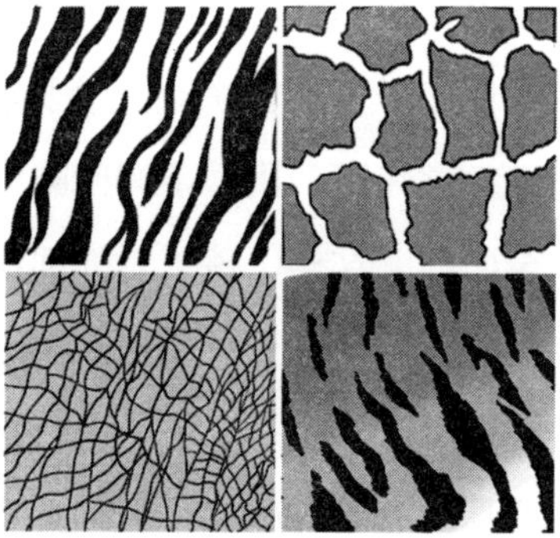

答案解析：

上图中斑纹的“主人”按顺时针方向分别为斑马、长颈鹿、大象、老虎。

六维能力解密2——左手阅读，右手逻辑

逻辑是一种抽象思维，是通过判断、推理、论证等获得结论的过程，能够对孩子的思维起到规范作用，让孩子的思维更加全面、深刻和理性，对世界的认识更加正确，对问题的处理也会更加科学。

现在不少家长已经意识到逻辑的重要性，针对孩子开展了各类逻辑思维能力训练活动。相较于那些“突击性”的培训班，其实这里有一个简单有效的方法——阅读。大量的阅读和深度分析，是逻辑的“根基”。那些喜欢阅读的孩子，年纪小脑袋转得却快，经常一点就通，学习成绩也不错。

为什么阅读对于逻辑如此重要呢?

阅读时眼、耳、口、手、脑五维并用，可以提高孩子听、说、读、写等方面的能力；阅读，可以使孩子涉猎文学、历史、地理、科学、政治等多方面知识，增广见闻，从

而立体地看待一个问题；阅读时，书中世界广阔无限、丰富多彩，能能满足孩子的好奇心和求知欲，培养孩子丰富的想象力和思考力……

正因为阅读如此重要，如今“早期阅读”已经成为热门话题。其中，3—8岁是阅读能力发展的关键时期，9—12岁是阅读能力提升的关键时期。在这些时期，如果家长能为孩子提供良好的阅读环境和阅读机会，便能有效激发孩子的基础思维逻辑、想象力以及创造力等，并让孩子受益终生。

一本好书犹如在土地里撒下一粒种子，选择的读物不仅要适合孩子的年龄段和认知水平，而且要图文并茂、趣味盎然，最好富有实际的教育意义。《绿野仙踪》《牧羊少年奇幻之旅》《木偶奇遇记》《海底两万里》《大自然的奥秘》《十万个为什么》等，都是很好的适合孩子阅读的书籍。

当然，早期阅读的意义不在于“看书”，而在于在阅读过程中发展孩子的思维。有的孩子喜欢读书，也读了很多书，但是看过就忘，作用也不大。为什么出现这种情况呢?这是因为在阅读时没有进行有效的思考。抱着“把一本书读完”就了事的心态，即使读再多的书，也是作用不大的。

一边看书，一边思考，带着问题去阅读，才可以加深对书本内容的认识和理解，这个过程也是孩子对所读内容进行深度加工的过程。为此我们可以根据书中的情节线索，适当地向孩子提出问题，比如“如果你是哈利·波特，你会怎样降服恶魔？”“龟兔赛跑中，为什么兔子会输给乌龟？”……

逻辑思维是在不断练习中建立的，不断地学习和思考才能构成科学的思维逻辑。当孩子说出“下文”时，不管他表达是否具体和正确，你都要专注地聆听，还要适时地进行表扬；当孩子回答不出时，可做辅助性的引导，这样孩子就可以快乐、轻松地畅游在书海中，尽享拓展思维的乐趣。

当孩子具备了书写能力，即便只是简单的涂鸦，就可以开始写读书笔记了。比如，当孩子读了一则寓言故事，可以引导他们拿出纸笔，以文字或者图画的形式进行简单的归纳：这则寓言讲的是一个怎样的故事？故事发生在什么时候？什么地点？主人公是谁？你从中感受或学到了什么道理？

在做读书笔记时，孩子需要理清文章脉络、精简文章结构、归纳文章要点等，这些正是孩子对书本内容消化吸收的过程，也是孩子理清头绪、建立清晰的逻辑思维的途径。

在这里，提供一个非常简单的方法——A4纸笔记法。

所有的开始只在于一张A4纸，将一张A4纸横放，或者折成小块。右边写上日期，在中间写上刚刚阅读的图书名称，然后用一分钟时间将看到的、学到的、想到的、感受到的等，不论是什么都可以写下来，想写什么就写什么，想怎么写就怎么写，无须考虑书写格式和遣词造句。

这种方法类似于大纲类的思维导图，简便易用。刚开始时孩子可能会觉得无从下手，多写几次，思维就会变得清晰不少。最重要的是，一定要坚持练习，也只有坚持才能得心应手。

这就像我们从小吃的饭、喝的水、沐浴的阳光一样，即便一开始没有明显变化，但它们却变成了我们的血肉。

“我家孩子爱玩静不下来，压根就不喜欢看书，怎么办？”

“我们也买了很多书，可是孩子就是对书不感兴趣。”

……

在我看来，孩子的问题往往就是父母的问题。孩子具有很强的塑造性，容易受周围环境的影响，而家庭环境给孩子带来的影响至关重要。孩子不喜欢阅读的主要原因，很可能是环境的影响。很难想象，一对父母每天只喜欢看电视、上网、玩游戏等，他们的孩子会“自己”喜欢上看书。

孩子的自制力较差、主动性不强，他们很少会自动自发地去阅读，这时就需要父母的引导和示范。父母的一言一行，都是孩子模仿的对象。如果想让孩子认真阅读，爱上阅读，父母就不能只是将书“丢”给孩子，而是应当以身作则，陪孩子一起阅读，这种“身教”胜过无数空洞的说教。

接下来究竟该怎么做，相信大家已经了然于心。

神奇小逻辑
玩出大智慧

根据下图，说说这是哪个成语故事？这个故事主要讲了什么？

正确答案：凿壁借光。

六维能力解密 3——
高效放大好奇心的“马太效应”

在陪伴孩子成长的道路上，你有没有被他们的各种问题“轰炸”过？

“大海的颜色为什么是蓝的？”

“天上的星星为什么不会掉下来？”

“为什么小小的电视机能装下那么多人？”

……

面对孩子的“十万个为什么”，你是如何处理的?

据我观察，不少家长认为诸如此类的问题，有的幼稚可笑，简单到不必回答；有的自己也说不清楚，很难回答。于是，要么敷衍了事，要么一概否定，“小孩子哪来这么多为什么？”“我正忙着呢！别烦我！你自己玩去”……无疑，这些做法等同于放弃了一个让孩子成长成才的绝佳契机。

因为，你扼杀了孩子的好奇心。

什么是好奇心？通俗而言，好奇心就是多问几个“为什么”，而用科学的话来说，好奇心是寄希望认识、了解、探索某种事物或事件的认知活动和特殊心理。好奇心在孩子身上体现得最为明显，因为他们认识世界、探索世界的热情最为强烈，在这个过程中个人与世界产生了有效的连接。

一般而言，孩子的好奇心共有三个发展阶段。

第一阶段：萌芽期。

孩子在2岁左右时，开始出现自我思考的能力，并产生探索和考察周围事物的欲望，他们什么都想摸一摸，什么都想咬一咬。虽然这种感官上的探索算不上一种智力活动，却正是他们思维活跃的重要体现，是其智力发育的关键内容，也能为判断、联想、推理等高级认知能力打好基础。

第二阶段：发展期。

3—6岁的孩子们，已经具备了语言和沟通能力，语言也变成一种工具来满足和推动他们的好奇心。当他们发现，大人知道的东西很多，可以满足自己的好奇心时，他们的探索就开始从自己独立完成转变为人与人之间的交流，这时他们就会爆发出“十万个为什么”追根究底的提问精神。

第三阶段：成熟期。

7—12岁的孩子们，提出的问题大多是经过自己的观察、分析之后产生的疑问。好奇心的广度和深度超越了第一阶段的本能及第二阶段的社交，转换成一种对问题真正的兴趣。这时候的好奇心成了一种促进孩子思考与智力发展的有效动力，也成了孩子与世界建立连接的重要力量。

身为父母，要学会挖掘、保护孩子的好奇心，鼓励孩子的积极探索与求知。因为，好奇心也遵循残酷的“马太效应”，呈现出强者愈强、弱者愈弱的发展趋势，当孩子年龄小的时候，原始的好奇心被保护得越好，初始知识积累得越广、越深，就越能激起更有深度的好奇点，主动学习的动力更大。长此以往，孩子就会形成自己的思维和逻辑，最后使创造性思维得以养成。

明白了以上内容之后，我们如何才能挖掘、保护孩子的好奇心呢?

从孩子的角度来看，问题无论多么简单幼稚，他们也是以严肃的态度提出来的，是正常心理特点的一种表现。当孩子对某些事物产生好奇时，作为家长，千万不要厌烦或者否定他们，正确的做法是尊重他们的问题，表示出同样的好奇和欲望，及时给予肯定和鼓励，让孩子得到实质的认同感。

“这个问题很有意思，我以前没有想过，你是怎么想到这个问题的？”当孩子屡次得到家长这样的认同后，他们便会渐渐建立自信心，且更乐于思考或发现新奇事物。

本着耐心和实事求是的原则，对于孩子提出的问题给予恰当回答，这可以让他们充分了解世界上的逻辑规律。但在多数情况下，一个具体的答案、一个科学的解释，并不是最重要的，重要的是引导孩子有意识地去观察、收集信息、对比、假设、思考等，这也正是问题生成的逻辑。

“为什么说地球是一个球？我觉得不是。”

面对女儿的这个问题，我有些哑然失笑，该怎么跟孩子解释呢？如果我用百度百科式介绍，告诉她地球就是一个球体，这一点毋庸置疑，显然既不直观也不有趣。

“你是怎么想到这个问题的？”我追问。

“因为大地看起来明明是平的。”女儿回答。

“这个问题很有趣，以前的古人和你一样，一直认为地球是个平面。”我强调道，“不过后来他们又是怎么发现地球是圆的呢？你可以自己上网查查看。”

“我知道了。”没一会女儿回答，“麦哲伦的环绕世界之旅，证明了地球是圆的。”

为了让女儿获得更直观的认识，我们一起做了一个小实验，我把一粒米放在一个大气球上，问道：“现在，试着从米粒的视角去看看气球，你会发现什么？”

“我只能看到顶部的部分，有些平平的。”女儿回答。

“相对于大大的地球，我们比这一粒米还小。地球表面的弧度太大了，弯下去的地方就是地平线，因此，我们所看到的就是平面了。”

顿时，女儿恍然大悟。

对于知识性的问题，无须把答案说得太过清晰，重点要以启发为主，给孩子留有思考和想象的空间，让他们通过自己的探索得到正确答案，这可以有效训练孩子的逻辑思维能力，而且如果结论最终是孩子自己得出来的，印象会更深刻。这，就是俗话所说的“授人以鱼，不如授人以渔”。

由于孩子的认知能力有限，思维模式又跟成人有所不同，在这个过程中，家长切忌以成人的思维逻辑来束缚孩子的想法。说到底，“为什么”是孩子成长的“翅膀”，随着一个个“为什么”被解答，孩子发现问题、分析问题、解决问题的能力就会越来越强，“羽翼”也一定会越来越丰满。

神奇小逻辑　玩出大智慧

猜猜看，问号处应该填上什么数字？

5		2	2		5	7		5
	4			2			?	
4		0	3		6	3		2

正确答案：1。

答案解析：前两组三个数字连线，总和分别为9和10。7+1+2=10，5+1+3=9。

六维能力解密 4——逻辑核心是深度学习框架

“书山有路勤为径，学海无涯苦作舟。”“没有与生俱来的优秀，只有后天努力的天才。”“天才=1%的灵感+99%的汗水。”……这些耳熟能详的句子，都在告诫我们要刻苦勤奋。

然而，不少孩子都在遭遇这样的“烦恼”：明明每天很努力地学习，把时间安排得很紧张，分秒必争，甚至熬夜刷题，但是成绩就是上不去。明明学了很多东西，却总是转眼就忘，而且似乎什么也没有学到。越勤奋越退步，越努力越陷入分数徘徊不前的困窘，这究竟是怎么一回事？

其实，这就是学习效率的问题。有些孩子只是表面上很刻苦，实际上却刻意回避了真正需要解决的问题和学习中最有价值的部分。在浅尝辄止，浮于表面的思考模式下，知识犹如一盘散沙，以至于想用时不能有效地调用。

比如，一些孩子做题的时候只满足于答案本身，既不认真分析解题的步骤，也不充分理解每一题的思路，甚至做错了题也不思考自己究竟错在哪里。只是一遍遍地刷题，不懂的地方依然不懂，出错的地方依然会错。反复做对事情结果没有实质影响的事情，这就是无意义的“磨洋工”。

上学时我也曾一度深受其害，每天给自己塞了满满的单词、公式、定理等知识点，教材详解、模拟试题……一个也不舍得放过，却没有去分析经典例题的详解考查知识点，去思考哪些是自己已经掌握了，哪些没有掌握透彻，是因为什么原因没有掌握透彻，结果陷入毫无效率的盲目忙碌状态。

直到后来我了解了深度学习，才结束了这种痛苦状态。

什么是深度学习？从根本上来说，深度学习是一种运用模型对特定问题进行建模，以解决该领域内相似问题的过程。模型就是提取关键词和重点信息，搭建起知识点之间的关联。在应用中，要注意用模型分类总结，做题要总结题型，一次解决一类。这，涉及两个概念——显性知识和隐性知识。

所谓显性知识，是能明确表达和有效转移的知识，包括书面文字、数学公式和各类图表等。隐性知识则是主观的经验或体会，是高度个人化的知识。两者并非独立存在，而是可以相互转化的。从显性知识到隐性知识，就是通过观察、分析、总结等将书本知识转化为个人知识的学习过程。

这意味着，我们需要将分散的知识整合成有机的组织知识体系。其中，用关联结构、树状结构、序列结构和数据结构等将知识点进行整合，都可以搭建起稳定的知识架构。只要持续的刻意练习，就能形成自己清晰的思路和见解，进而启用到理性的逻辑思维，以便需要时整体提取。

比如，在英语学习中，记单词是孩子们怎么也绕不开的一道难题。不少孩子有时拼命记下了拼写，却忘了单词的意思；有时知道单词的意思，却又拼不出来。而且，很多单词明明看起来差不多，意思却大不一样……清楚地记住一定数量的单词，对任何孩子而言都不是一件容易的事情。

这时，如果孩子能够深入地进行学习，掌握一些常见常用的词组，背单词这件事就不再是“千古难题”了。词组就是一组含有共同规律的词，往往包含了具有相同发音的字母组合。

看看下面这些英语单词，你能总结出什么规律吗？

bat（蝙蝠）

cat（猫）

eat（吃）

cate（美食）

beat(击败)

chat(聊天)

cheat (欺骗)

……

没错，这些单词都以“-at”结尾，而且结尾发音也相同“[ət]”，它们属于-at family。

每个单词都有一个家族，而它们之间的“血缘关系”体现在——相同的词根词缀。接下来要做的，就是以词根词缀为基础，找出它所有可以拓展到的单词。当孩子把所有词根词缀学熟练、学透彻，就像找到了单词的“根”，就能较轻松猜出一些生词的含义，更不用说记忆简单的单词了。

深度学习可以理解为“深度”和“学习”这两个名词的组合，“深度”体现在思考的深度和广度，也就是“深度”越深，学习效果越好；“学习”体现为从显性知识到隐性知识，使个人的认知能力达到极限。

无论是数、语、外三大主科，还是其他副科，都有一个由考试大纲规定的知识网络。在学习过程中，聪明的孩子会先弄清教材内容的知识点，摸清各知识点之间关联线索，这点我在前面已经说过。根据知识网络进行系统学习，往往能做到既不遗漏，也不做无用功，取得事半功倍的效果。

定期对自己的学习情况做一次综合分析，比如知识的掌握情况，哪些是自己精通的？哪些是需要加强的？哪些科目是自己的强项？哪些科目是弱项？在各科目的考试中自己经常错哪类题目？针对哪类题型复习可以提高分数？哪门科目提高得比较快？……这一切，每个孩子心里都要有个“底”。

子曰：“学而不思则罔，思而不学则殆。”这句话阐明了学习时若不知思考，学习便成了杂乱无章的知识的罗列、堆积，难以有什么乐趣和实效而言。而将知识按照一定的逻辑进行组合，搭建层次分明、结构清晰的思维框架，就等于搭上一辆“学习快车”，相信付出与回报必会成正比。

神奇小逻辑 玩出大智慧

请根据下列四个词语展开联想，找出它们之间的联系，猜一个三字词语。

洞穴　敌人　空袭　地下建筑

正确答案：防空洞。

六维能力解密 5——好记忆是如何串成一条思维链的

相信，每个家长都希望自己的孩子聪明伶俐，即使达不到过目不忘的“天才”程度，最好也要拥有良好的记忆力，能够轻松从容面对学习和生活。可现实却是，不少孩子的记忆能力堪忧，背单词的时候总是记不住，刚学过的东西很快就忘了。就像是熊瞎子掰玉米一样——一路捡一路扔。

为什么会这样？是不是孩子的智商有问题？自然不是，即便智商再高的孩子，也不可能将所学全部记住记牢，因为大脑本身具有遗忘机制。就像阳光下的照片一样，会逐渐地暗淡褪色。在这里我之所以强调这一事实，不是让孩子们坐以待毙，忘了就忘了，而是为了知己知彼、百战百胜。

遗忘是什么？遗忘是一种记忆的丧失。记忆是什么?记忆是个体对信息的识记、储存和提取的过程。更准确地说，“记”是信息的识记和存储过程，而对知识的再现和运用往往是“忆”的提取体现。记忆的关键不在于“记”，而在于需要时能否有效地把记下的内容大量地、准确地“忆”出来。

记不住记不牢，往往可能是记忆方法不对。

怎样快速记忆且记得牢呢？这就需要在“记”时做好分类。我们可以将大脑想象成一个大型图书馆，记忆的信息则是一本本图书，储存图书时倘若分类明确，编号存入，提取时自然比较轻松。如果一开始懒于分类，把所有记忆碎片一股脑地塞进来，大量“书籍”杂乱无章，提取时当然会有障碍。

英国哲学家培根说：“一切知识不过是记忆。”一切知识都是通过记忆记住之后才能够运用的。孩子不会记，导致记不住。孩子记不住，导致成绩差……没有掌握基本的记忆方法，孩子再怎么努力，报再多补习班，往往也无济于事。

尽早找到并掌握记忆的规律，这比死记硬背的效果要好得多。一个有效的方法是，将记忆串成一条思维链。在孩子的学习中，任何学科的知识都是有“体系”的。什么是“体系”？说白了，它是高度有序的知识集合。在这里，有两个关键点：一是大量的知识点，二是有序的结构。

也就是说，知识绝不是孤立存在的，而是有着千丝万缕的联系，这是逻辑体系的一部分。

就拿英语语法来说，很多孩子觉得英语语法过于复杂，极易混淆，记忆起来很困难。其实，语法本身就是一个有序的整体。在语法学习过程中，如果能在一开始就理顺知识点之间的联系，建立自己的英语体系，往往就会发现，原来这跟我们做数学题目时代入数学公式计算一样简单。

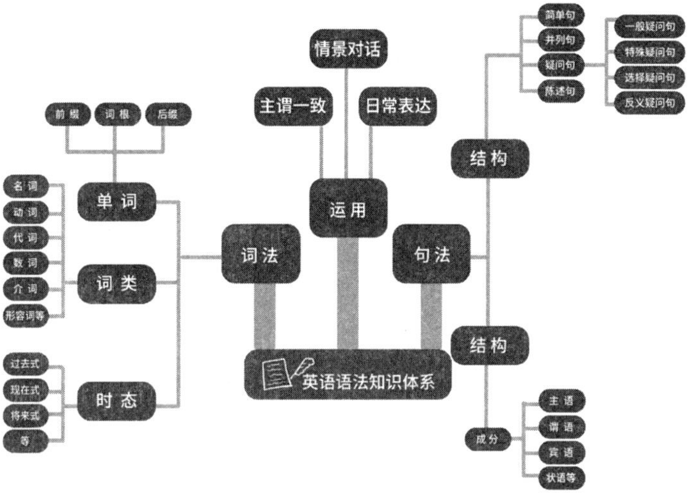

英语语法知识体系

生活中，你一定见过这样的孩子：他们对英语非常精通，相关的单词、短语和句式等信手拈来，说得非常顺溜，而且清晰而严谨。这就是有序——他们将所有的英语知识点都链接在了一起，知道某一个知识点应该放在哪里，也知道如何运用它，就像我们知道红灯停，绿灯行一样自然。

记忆不是简单地把一个个知识点记下来，而是要经过理解、分析等再加工，转化为自己的逻辑思维体系，然后通过实践去解决实际的问题。

比如，中小学数学中正方形、长方形、四边形和平行四边形的周长、面积计算公式十分相似，它们之间既有联系，又容易混淆，那就把它们按照公式关系贯穿起来，进行适当的比较找到异同点，进而把这块知识织成一片“大网”。这样既能对公式有清晰的认识，也可有效防止知识混淆。

名称	符号	周长 C 和面积 S
正方形	a 为边长	$C=4a$；$S=a^2$
长方形	a 和 b 为边长	$C=2(a+b)$；$S=ab$
四边形	d、D 为对角线长；α 为对角线夹角	$C=2(a+b)$； $S=dD/2\cdot\sin\alpha$
平行四边形	a 和 b 为边长，h 为 a 边的高，α 为两边夹角	$C=2(a+b)$； $S=ah=ab\sin\alpha$

常见形状的周长和面积公式

怎么样？经过这样的知识联结后，是不是每组公式都变得清晰明了了？

另外，记忆的提取遵循是“刺激→储存→想起”的过程，不断重复这个过程，可将短期记忆转化为长期记忆。英语单词、数学公式等，这些知识点不是靠一两遍就能记下来的，而是要经常性、规律性地去记忆，一次次地反复“刺激”，形成记忆的条件反射，这样印象才会牢靠。

在“艾宾浩斯遗忘曲线”中，艾宾浩斯指出了遗忘的规律——刚刚记忆完毕时，记忆量为100%、20分钟后，记忆量为58.2%、1小时后为44.2%、8—9小时后为35.8%、一天后为33.7%、2天后为27.8%、6天后为25.4%、一个月后为

21.1%。越往后，记忆容量百分比就越低。

这一数据告诉我们，大脑的遗忘是有规律的，并且是先快后慢的。特别是在第一天，如果不及时加强“刺激”，那么记忆力会瞬间跌落一半。越晚去“刺激”，遗忘的就越多，提取就越困难。这也意味着，我们要付出更多的时间与精力。所以，学习要温故而知新，及时的复习必不可少。

短期记忆→长期记忆=5次重复

▲学习结束之后立即复习一次

▲1天之后再复习一次

▲1周之后再复习一次

▲1个月之后再复习一次

▲3—6个月之后再复习一次

如此，便能将遗忘率降低到最小，记忆效果达到最高。

神奇小逻辑 玩出大智慧

用链式串联法完整记忆鲁迅先生作品集《呐喊》里的14篇作品名称：

《狂人日记》《孔乙己》《药》《明天》《一件小事》《头发的故事》《风波》《故乡》《阿Q正传》《端午节》《白光》《兔和猫》《鸭的喜剧》《社戏》

六维能力解密 6——在实践中验证实用性

现代教育学认为，教学是思维活动的教学。

对于这一观点，我个人一直深表赞同。学习不仅仅是学习知识本身，更重要的是通过知识作为载体来培养孩子的思维能力——逻辑思维能力、空间思维能力、运算推理能力、解决生活实际问题的能力等。而这些不能仅从书本上、课堂内、学校中去学习，更重要的是应该通过实践来学习。

遗憾的是，为了快速提高孩子的成绩，不少父母强行给孩子“灌输”知识，甚至要求孩子“两耳不闻窗外事，一心只读圣贤书”。可学习是一个从浅到深、循环渐进的过程，需要较强的分析、推理、论证、运用等逻辑思维能力。重知轻能，“死读书”“读死书”结果往往就是“读书死”。

知识如果没有运用起来，就可以说是无用的信息。没有学以致用的能力，学到的知识就无法称之为自己的东西，它们就像“串门”一样从前门进入，徘徊一圈又从后门出去了，也就谈不上知识的积累。长此以往，孩子学到的知识不仅没有用处，而且还会越学越吃力，造成恶性循环。

“纸上得来终觉浅，绝知此事要躬行”，真正的学习必须是有意识的。所谓有意识的学习就是显性的、明确的，是看得见、摸得着的。

朋友在某一中学教授政治学科，学习“选举”内容时，她发现大多数学生都不怎么感兴趣，于是她换了一种新的教学方式，让学生们自己组织一场社区选举。

之前学生们没有参与过此类活动，其他老师都认为结果肯定是一团糟。但是事实恰恰相反，学生们对这件事异常认真，各司其职。遇到了问题，她会鼓励学生中主动思考，想办法去解决。最终，这场社区选举完美举行。事后学生们都表示在这个过程中学到了很多东西，远远超过课堂所学。

将学习的知识转化为具体的技能，重要的方法就是在实践中验证实用性。为此，家长要尽早在孩子心中确立一种“应用意识”，也就是说让孩子认识到所学内容的“可用行”、自己知道为什么要学、如何学才有效。同时，在学习过程中要边学习边思考，主动把学习内容和生活相结合。

比如，学习英语不能死记硬背，而应该把英语运用到生活中，看英文文章、听英语歌曲，最好找外国友人聊聊天；当孩子学计算机时，可以利用“画笔”设计祝福卡片，送给亲朋好友。这样，孩子认识到在课堂上学的都能与生活实际相结合，是自己所需要的，学起来就会有兴趣，乐于学。

知识本身是枯燥无味的，但是如果能把所学的知识放入到一定的情境中，孩子就可以真实地感受到知识的奇妙与趣味性。

小时候，女儿对数学一点也不感兴趣，“我为什么要认识它们？”“一会加，一会减，一点也不好玩”……为了改变女儿的“学习无用论”，我曾经费了一番脑筋。

比如，当我分配零食和水果时，经常会趁机考一考女儿，“爸爸做了6块蛋糕，爸爸2块、妈妈1块，其余的是你的，你会分到几块蛋糕？”“妈妈吃了3个樱桃，你吃了5个樱桃，猜猜看我们共吃了多少樱桃？”……

渐渐地，女儿不再抱怨学习数学没用了。

在上小学六年级时，每一次做到关于“银行利息”的题目，女儿都会出错，因为她时常分不清“本金”“利息”“利率”“存期”之间的关系。为了让她分辨清楚，并牢记于心，我便带着她去了银行，专门让她观察储户是如何存钱、取钱的过程。通过观察，女儿明白了存入银行的钱叫“本金”，取款时银行多支付的钱叫“利息”，“利息”与“本金”的比率叫“利率”，利息的计算公式是：利息=本金×利率×存期，等等相关的信息。此后，她再也没有做错过这类的题。

传统被动式的教学方式，往往只是一味地向孩子“灌输”知识，孩子也只能学到表面的知识，这是一种求快、急功近利的表现，对孩子思维的开发和培养无济于事。将理论知识和实际生活结合，让孩子将学到的知识学以致用，既是“输入”的过程，也是“输出”的过程，这正是学习的意义。

孩子的实践能力是有限的，这就需要家长主动为他们创设参与条件，无论是计算题，还是应用题，让孩子动手摆一摆，演一演，做一做，重要的是联系实际的生活。如此，孩子会对自己的思维进行整合，经过归纳、总结、引申等方法，将所学知识与实际有机链接，搭建起严密的逻辑结构。

比如，当孩子学习“溶解”这一知识点时，家长不妨让孩子将一些常见的东西放入水中，一次次动手尝试后，孩子会知道白糖、盐、洗衣粉、醋等放入水中会溶解，而筷子、铅笔、橡皮等则不会溶解。还可以通过观察溶化速度，引导孩子发现溶解和物体的形状、大小等也是紧密相关的。

神奇小逻辑
玩出大智慧

请问，第三个钟表的时间应该指示几点？

正确答案：16:30。

答案解析：相邻两个钟表相差一个半小时。

第三章
打通底层逻辑，从“入口”到“出口”

修建高楼大厦，关键是打牢根基，否则大厦迟早会倒塌。逻辑思维的构建也是如此，要打造从“入口”到“出口”的通路，逻辑通路决定着孩子会如何思维，每个通路都会开启不同的思维路径，并能使同一类问题得以顺利解决，实现举一反三，触类旁通。

01/ 白马非马？归纳与演绎思维

什么是逻辑思维？说到底，这是一种运用正确、合理思考的能力，将不同的事物联结起来的方法或者形式。

如何实现“联结”？归纳和演绎是最基本的方法。

所谓归纳，是指从许多个别的事物中概括出一般性概念、原则或结论的思维方法，是从部分到整体、从特殊到一般、从个别到普遍的推理。

在归纳过程中，我们常用“三段论”进行推理。

大前提：A1是R。

A2是R。

A3是R。

……

小前提：A1、A2、A3……是R的全部对象。

结论：所有A都是R。

例如，铁是导电的。

铝是导电的。

铜是导电的。

铁、铜、铜属于金属类。

所有金属都是导电的。

所谓演绎，是从已知的一般性或普遍性的原理或结论出发，推论出个别的或特殊的结论的一种思维方法，是从整体到部分、从一般到特殊、从普遍到个别的推理。

在演绎过程中，也可使用“三段论”进行推理。

大前提：所有R都是P。

小前提：A1属于 R。

结论：A1是P。

例如，凡是上课迟到的学生都要接受处罚。

小明上课迟到了。

小明要接受处罚。

由此不难看出，三段论必须同时具有大、小前提和结论三个要素。

“归纳”和“演绎”看似两种相反的思维形式，但在运用时必须有机地联系在一起才能充分发挥逻辑思维的作用。因为二者都基于事物本身固有的个性和共性、特殊和普遍的关系，本质上是互相依赖、互相渗透、互相促进的。而我们的认识，正是在这种交互作用的过程中，一步步得以深化的。

看不到“归纳”和“演绎”的辩证统一，就容易出现“白马非马”的逻辑错误。

战国时期，赵国发生了严重的马疫，导致大批战马死亡。为了严防瘟疫传入，秦国在函谷关口贴出告示：“凡赵国的马不能入关。”

这天，赵国哲人公孙龙骑着一匹白马，前来请求入关。

关吏指着墙上的告示，说：“人可入，马留下。只要是赵国的马，都不能入关。”

公孙龙不服：“白马非马，凭什么不能过关？”

关吏大惑：“白马明明是马。”

公孙龙娓娓道来，讲出一个这样的逻辑——从文字上看，“马”是一个物体，“白”是一种颜色，这是两种不同的事物，所以“白马”不是“马”。从马的分类来说，“白马”只是“马”的一个种类，而“马”可以演绎为黑马、白马等多个种类，“马”远远多于“白马”，所以白马非马。

关吏越听越糊涂，不知如何对答，只好让公孙龙和白马都过关了。

“白马非马”这一著名命题，便由这个故事而来。公孙龙的这番论证不乏聪慧的一面，他通过物体形态和颜色对“马”和“白马”进行区分，在逻辑和概念分析上做出了独到见解，但他故意夸大“马”与“白马”概念的差别，把个别与一般割裂开来，并加以抽象化、绝对化，又是不合逻辑的。

为了方便理解，我们再列举一个简单例子：

大前提：所有的香蕉都是水果。

小前提：所有的苹果都不是香蕉。

结论：所有的苹果都不是水果。

这样的逻辑推理，显然是不成立的。

作为家长我们需要做的就是，帮助孩子们避免“白马非马”“苹果不是水果”之类的“笑话”，从逻辑的角度去了解认清事物真相所必备的要素——正确认识个性和共性、个别与一般、特殊性和普遍性，将“归纳”和“演绎”结合运用，进而理解和掌握概念的内涵与外延，更好地认知和成长。

一个善用归纳与演绎论证的孩子，无疑是聪慧的，比如王戎。

王戎是“竹林七贤”之一，7岁时他和小伙伴们一起玩耍，看见路边有一棵李子树结满了果子。小伙伴们争先恐后地爬上树去摘果子，唯独王戎站在树下一动不动。

“你怎么不摘果子？”有人问。

王戎回答：“这树就长在路旁，每天人来人往，李子却没被摘，这李子肯定不好吃。”

小伙伴们一尝，果然李子又苦又涩。

王戎观察仔细，积极动脑，根据现象推理本质，归纳出“这李子一定不好吃”。果然李子又苦又涩，说明他的推理是正确的。

这样的聪慧，你能做到吗？

神奇小逻辑 玩出大智慧

观察下图，你能找出其中的规律，并往下排吗？

?

正确答案：

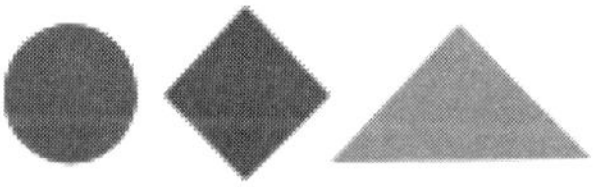

02/ 鼓励“破坏大王”的分析与综合思维

有人说：孩子就是天生的“破坏大王”。

刚刚新买的小汽车，玩了没几分钟就被“大卸八块”；

漂漂亮亮的布娃娃，一转眼就变成了一堆棉花；

干干净净的墙壁被涂得乱七八糟，任你装修得再完美也没用；

……

孩子就是有这样“大闹天宫”的本事，能在短短的时间内把原本整洁的房间，弄得“面目全非”，而且还非常乐在其中。

你家有个“破坏大王”吗？你是不是经常被气得“七窍生烟”？很多家长总是很反对孩子这样做的，一次阻止，二次没耐心，第三次就会直接来吼的了。

很多时候，这种阻止并不是明智的。当父母的应该明白，“破坏力”实际上是孩子好奇心和探索欲的体现，喜欢搞破坏的孩子一般在2—9岁之间，这是自我意识迅速发展的时期，这一阶段的孩子对新鲜事物具有强烈的好奇心，并且开始按照自己的思维和想法去认知和探索世界。

“这是什么东西？”“这个东西有什么用？”“我能不能让它动起来？”……在好奇心的驱使下，只要是能够接触到的东西，孩子们都想用手去摸一摸，动一动，甚至还要试着操作一下。但孩子的心智尚不成熟，暂不具备从表象到本质的思维能力，便会通过打破物品的表层来认识物品本质。

虽然在这些尝试过程中，孩子一不小心就会“闯祸”，但“破坏”这一动作既能帮助孩子了解事物的内部结构，同时也能满足他们的好奇心理和探索需求，使他们内在的天赋和能力得到有效开发。而所谓逻辑，说到底不就是从表象认识到深入内部，并逐步探索和揭示本质规律的过程吗？

这就涉及分析与综合思维，“分析”是把认识中把整体分解为不同部分、侧面、属性，分别加以研究，这是认识事物整体的必要阶段。“综合”是把事物的不同部分、侧面、属性按内在联系有机地统一为整体，以掌握事物的本质和规律。正是通过分析与综合的循环往复，认知得以深化和发展。

仔细观察不难发现，那些爱搞“破坏”的孩子和中规中矩的孩子区别非常明显。前者保持着强烈的好奇心，对很多事情都有浓厚的兴趣，不仅思维活跃、想象力丰富，而且动手能力特别强。而后者缺少好奇心和想象力，所了解的世界是扁平化的、刻板的，思维也是僵化的，甚至可能成为“书呆子”。

再看看那些在工作中，特别是在技术、科研行业，勇于创新并取得创新成果的人，往往都是从小到大爱搞“破坏”的人。比如，爱迪生从小就喜欢动手做实验、捣鼓东西，常被人们称作“破坏大王”。可正是凭借这些“破坏”，他一生取得大约1000项发明，成为名副其实的“发明大王”。

“善于创造的人，往往都具有一个奔驰的脑筋。”爱迪生如是说。“奔驰的脑筋”，就是孩子对事物的好奇心与对世界的求知欲。

孩子“破坏”的过程，虽然会给父母带来诸多的麻烦，但却是教育的真正意义所在。

所以，当孩子破坏性行为初绽锋芒的时候，家长千万不要粗暴地制止或是打骂，而要自问一句：“孩子为什么会有这种行为？”自问的目的就是为了疏解愤怒的情绪，清楚孩子搞破坏是因为好奇心的探索。聪慧的家长，还会尽可能地给予孩子“破坏”的自由，鼓励并且参与进来。

这样做的意义，不是纵容孩子肆意“搞破坏”，而是启发孩子学会发现和探究。以合理的、科学的方式给予孩子正确引导，把“破坏力”转化为“创造力”。

“闹钟为什么会响，它的针为什么会走？”“皮球一拍就会跳得很高，如果把气放了，还能跳那么高吗？”……和孩子讲清某一物品的构造和原理，然后再一起重新将这些被破坏的东西组装起来，这样不仅能鼓励和发展孩子的求知欲、探索精神，还能培养孩子的分析和综合思维，何乐不为呢？

神奇小逻辑 玩出大智慧

下面哪个图形折叠后能围成正方体，正确的是（　）

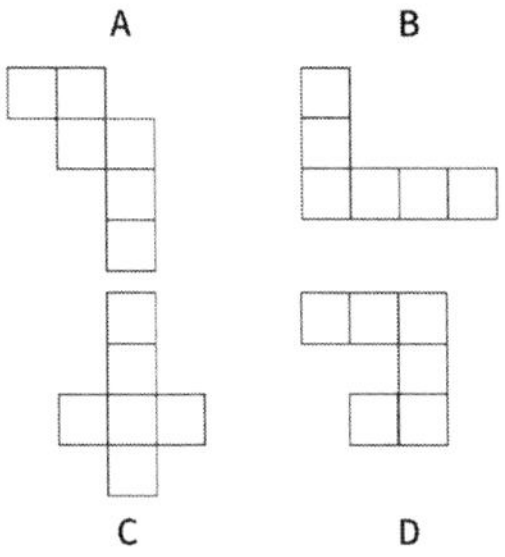

利用图形折叠法折一折，即可得出正确答案。

正确答案：C。

03/ 这些代表了什么？抽象与概括思维

我们必须承认，人与人之间确实是存在一定差异的。比如，有的孩子非常聪颖，脑子转得灵活，对老师讲授的知识接受得很快，稍微点拨就能立刻领悟，并举一反三的运用。而有的孩子则比较笨拙，课堂认真听讲也不得要领，往往需要老师再三强调，甚至点对点、手把手地加强辅导。

这倒不是说孩子的智商有高有低，而是孩子擅长的思维模式不同。有的孩子擅长进行思维推理，有的孩子则不太擅长。

对空间、顺序、序列等概念理解困难，需要反复讲解；

不能准确区分事物的属性，对事物本质特征的认识不足；

大脑处理加工信息的速度偏慢，学习速度很慢；

对符号及数字运算不适，缺乏举一反三的能力；

没有办法很快弄清楚和掌握解题的步骤和方法；

……

如果你家孩子存在以上现象，是时候了解和学习抽象思维和概括思维了。

所谓抽象思维，是从众多的事物中抽取出共同的、本质性的特征。具体地说，就是通过各种形式的事物和现象，去粗取精、去伪存真、由此及彼、由表及里进行加工，形成概念、判断、推理等思维形式。

抽象思维，其实我们并不陌生。比如数学学科就建立在抽象的基础上，数学中的每一个定理，每一条公式都是抽象思维的体现。它的强大之处在于，让孩子的思维变得更深入，不是停留在对事物的简单表面的认知，而是从特殊向一般、从个体到共性，对事物进行复杂深刻的判断和推理。

儿童思维的成熟过程，也是抽象思维的发展过程，比如一个孩子不幸被小狗咬伤，他会自发地形成一种朦胧意识，这些小动物会咬人，不再轻易接近狗、猫等。不过，仅靠孩子的自发性形成抽象思维，这个过程十分缓慢。作为父母，我们应当运用各种手段，帮助孩子学会从个性中悟出共性。

例如，麻雀、蝙蝠、老鹰、蜻蜓、飞机、蝴蝶、风筝。

观察这些事物，可以发现什么？

——它们的共同点，即都会飞。

再如，西红柿、红旗、红豆、红薯、红糖、枸杞。

观察这些事物，可以发现什么？

——它们可按照颜色，归为红色类。

通过这类的游戏测试，让孩子从中提取有关的概念，这就是一个抽象思考的过程。

所谓概括思维，是立足于带有相同属性的事物，通过比较和抽象的思维过程，舍弃个别的、非本质的属性，抽取共同的、本质的属性，并推广到具有这些属性的一切事物，从而形成关于这类事物的普遍概念。

比如，根据“龟兔赛跑”的故事，我们概括出“骄傲使人落后，虚心使人进步”的道理，这个故事适用于劝诫所有骄傲自满的人。

妈妈的声音、玩具的形状、食物的味道……孩子认识世界是从“点”起步的、随着年龄的增长和认知的丰富，这些“点”会逐渐连成“线”，形成“面”，构成“体”。这是孩子搭建的认知体系和逻辑体系，尽管这些体系还很单薄，但充满了勃勃生机。在这个过程中，概括起到了关键作用。

概括需要摆脱具体的内容，复杂的表象，最终获得精简的内容。试想，如果孩子不加概括地获取信息或知识，将所有的试题都背下来，而不是掌握公式和定理，可行吗？试题的形式千变万化，是永远不可能全部背下来的。而且，大脑的负担会非常重，学习的效率也会受到极大影响。

一个概括能力较强的孩子，往往能将概念、定理、公式等熟记于心，学会总结归纳解题方法，每一个知识点举一反三，这远比机械地进行“题海战”更有效，不是吗？

概括思维糅合了观察、分析、归类、综合等多种思考技能，在语文阅读中尤为重要。概括段落大意和文章主要内容，也是常考的题目类型。

每天晚上8:30—9:00，是我们家的“亲子阅读”时间。一开始是我对着绘本给女儿讲，后来是女儿自己自由地翻看。无论哪一种，我都会有意识地对女儿进行提问：“今天我们讲了一个什么故事？”“通过这个故事，你们学到了什么？”……之所以这样做，就是为了引导女儿学着进行概括。

一开始女儿不得要领，我便提醒她抓住时间、地点、人物来概括，或者事件原因、过程、结果等概括，而且字数越精简越好。比如“司马光砸缸”的故事，可以概括为“有人掉到水缸里，司马光砸了缸，救了人，他很聪明”，这些技巧让女儿享受到了“我学会了概括”的乐趣。

进行概括的时候，孩子们难免因考虑不全概括不佳，或者因胆怯磕磕巴巴，这时不能操之过急，不要轻易打断孩子的发言，适当地给予肯定和鼓励，示范和纠正即可。

神奇小逻辑
玩出大智慧

将写有“+”“-”“×“÷”符号的纸片摆在地上，四个符号分别代表向前走一步、向后走一步、向左走一步、向右走一步，要求孩子根据符号做出相对应的动作。

04/ 就是要找不同！比较思维的培养法则

找出下面两幅图的区别，用红色的笔圈出来吧！

提示：上图共有四处不同。

“找不同”是我平时经常和女儿玩的游戏，这个游戏十分简单，就是让孩子从两个或多个事物或画面中区分细节、寻找差异，却是相当好的比较思维锻炼。

“比较”是确定事物之间相同点和相异点的一种思维方法，也是了解事物特点和属性，把握事物之间联系的重要逻辑方法，直接关乎孩子基本的思维模式和认知模式。正如俄国教育家乌申斯基所说的一句话:“比较是一切理解和思维的基础，我们正是通过比较来了解世界上的一切的。”

在教育过程中，将儿童需要掌握的认知内容，如图形、数字、颜色、空间等设计到找不同游戏内容中，适时地、恰当地培养孩子的比较思维，可以帮助孩子认识事物的特征和关系，比较理性和客观去看待事物，这样孩子就会慢慢地在大脑中形成逻辑性思维，有步骤、有条理地去解决问题。

在这个过程中，孩子的速度有快有慢，有时还会呈现突然提升的现象。这源自孩子心理的年龄特征，对事物理解有不同的发展阶段。

一般来说，孩子的比较思维共有三个阶段。

第一阶段：认识“相同”。

2岁之前的孩子，比较思维还处于萌芽状态。这时，我们通过图画书或动画片，教给他们认识“狗”这种动物，即便孩子认识了，可在实际生活中看到了狗，他们也无法辨认这种动物和图画书或动画片的小狗是一样的，只有当大人明确告之“这是狗”，他们才会初次认识到实物“狗”的存在。

这一阶段，孩子的思维以建立概念与具体实物的联系为主，他们会热衷于将具有相同或者相似特征的事物归于一类。认识“相同”，是最基本的比较思维。

第二阶段：识别“不同”。

3岁左右的孩子，一般已经能准确辨别物体的颜色、形状以及其他的外在特征了，他们会通过观察物体的不同特征对它们进行辨别，并且用简要的话语给事物下定义。例如，高高的大树、黑黑的头发、大大的眼睛。将猫和狗放在一起，无论是图片，还是实物，他们都能很快地进行区分。

第三阶段：“搭配组合”。

随着认知能力的不断发展，孩子的微观识别能力和细微觉察能力也会有所提升，大多数孩子能够清楚地识别多种元素的搭配，比如“我喜欢那个蓝色正方形的盒子”，也能分辨家里配套餐桌椅的相同之处。如4条腿、颜色相同、质地相同、都在餐厅里，不同之处如高矮、大小、形状等不同。

让孩子用颜色对实物进行命名，比如红色的西红柿、白色的盐、绿色的树等。

把两种以上的图形重叠，让孩子辨别图形，并对图形进行组合。

出示实际物品让孩子比较大小，辨别厚薄，区分轻重等。

区分“b”“p”“d”“q”，说出其中的异同。

区别“日”和“目”，“末”和“未”等简单的形近字，说出笔画的长短、多少等。

……

一般来说，6岁左右的孩子都能达到上述辨识水平，否则，就需要对其进行必要的强化训练，比如反复进行颜色不同、位置不同、大小不同、形状不同等“找不同”游戏，可由简单到复杂，由具体形象到抽象图形逐步进行。孩子一开始表现不理想也无须担心，毕竟这是个循序渐进的过程。

神奇小逻辑 玩出大智慧

小莉妈妈共有15张人民币，面额包括5元、10元，共计85元。请问，5元、10元的人民币各有多少张？

正确答案：小莉妈妈共有5元人民币13张，10元人民币2张。

答案解析：

5（元）×13（张）+10（元）×2（张）=85元

05/ 假设事情如此……
假设思维是怎么回事

在遇到学习难题或思考困境时，一些孩子缺乏思维上的灵敏度，往往会依照思维定式“死”钻牛角尖，脑子像“石头”一样不开窍。一些孩子的思维却有“弹簧”的灵活度，当分析和推理无法得出解决方案时，他们会适时地提出诸多假设，再根据假设重新进行研究、分析、质疑等。

“假设问题是这样的，那么我们……”

假设思维是一种推测性的思维方法，简单地说，它通常是依据一定的知识、理论、事实或资料等，对需要解决的问题的规律和本质提出初步的推测和假定，然后通过内在的逻辑关系推断假设的真伪性和合理性。

假设和论证，这是假设思维法的运用和操作步骤。在这里，假设可能成立，也可能不成立。通过假设所得出的结果，可能合理，也可能趋于不合理。但正是通过这种初步的假定和验证，问题的性质趋于明朗化和简单化，这种“有目标性的质疑”在解答应用题的实践中具有很强的实用性。

“鸡兔同笼”是运用假设思维解题的典型，例如，鸡兔放在一个笼子里面，已知鸡头和兔头共有25个，鸡脚和兔脚共有72只，问鸡和兔子各有多少只？

这个题目看上去让人一团乱麻，一一计算费神费力，恐怕也很难理清楚。但运用假设思维呢？假设，笼内25只全部都是鸡，考虑到鸡有两条腿，应共有25x2=50只脚，这就多出来72–50=22只脚。当把每一只兔子都当作一只鸡时，就要少4–2=2只脚。所以兔子有22 ÷ 2=11只，鸡有25–11=14只。

在逻辑分析当中，假设是非常重要的方法，尤其适合单项选择题。不知该选择哪个选项时，我们可以假设其中某一选项，如A是正确的，然后代入到题干中，通过分析或验算进行验证，就可以“搭桥”或“排除他因”。

假设验证是问题解决的“路线图”， 它集中于假设的解决方案，可加快解决问题的进程。当然，假设时我们不必展现问题的全貌，只要能够验证假设合理或不合理即可。

生活中，我经常跟女儿进行场景假设：

“假设放学路上迷路了，你会怎么办？”

“假设这一观点正确，接下来会发生什么？”

“假设事情如此……我们可以怎么做？”

……

这些问题并没有固定的答案和形式，关键是引导孩子有意识地运用假设思维，进而突破思维定式的束缚。

运用假设思维时，需要注意以下几点：

（1）要对所面对的问题非常了解，了解背后的逻辑和因果关系。如果孩子做不到这一点，就要通过快速学习掌握其中的逻辑关系。

（2）假设一定得基于现实，符合常理，不能太不切实际。

（3）假设的建立离不开科学的论证和实践的检验，不能发生内容缺失或遗漏，如此该假设才具备真正的可行性，否则是很容易被推翻的。

神奇小逻辑 玩出大智慧

A、B、C、D四位选手进行羽毛球单打决赛，赛前有人预测了比赛结果：

甲：“D的技术最好，肯定能拿到第一名。”

乙：“C的技术比B好，名次会在B前面。”

丙：“A的技术相对差，成绩肯定垫底。”

丁：“B不是第二，也不是第四。”

比赛结果表明，四个人中只有一个人预测错了。

那么，A、B、C、D四位选手的名次分别为(　)。

A.1 2 4 3　B.1 3 4 2　C.4 3 1 2　D.2 3 4 1

提示：代入选项反推，即可得出答案。

正确答案：C。

06/ 你的就一定对吗？善批判才有竞争力

当孩子发表自己的看法，甚至提出质疑的时候，作为家长你会怎么做？

在这个问题上，我听到最多的答复是——“你照做就行了，哪有那么多废话”，在我们的传统文化意识中，“听话教育”已经根深蒂固，在很多家庭的教育中也存在“父母专制”的现象。他们认为，自己比孩子经验丰富，自己的判断、决定也是强于孩子的，所以孩子无条件听从就行了。

当孩子变得乖巧听话的时候，有些父母会欣慰地认为，孩子终于走上了理想的“正轨”。岂不知，逻辑思维说白了是一门技术，就和打游戏一样需要多练习才是关键。当孩子习惯了对别人言听计从，依赖于父母或老师的指令，独立思考的能力不就被扼杀了吗？这跟冰冷的机器人有什么区别？

我们提倡培养一个好孩子，但好孩子≠听话的孩子！毕竟作为一个独立的个体，孩子需要有自己独立的想法，拥有自己的思维方式和思考能力。

这，正是批评性思维存在的必要性。

什么是“批判性思维”？这并非鼓励孩子刻意地去挑错、找碴、反驳或凡事都批判，而是强调以客观事实为基础，通过理性思考证伪求真。这是一种质疑、分析和判断事实的能力，鼓励孩子不轻信盲从权威，不轻易被外界左右，保持思考的自主性和逻辑的严密性，而不是被动地全盘接受。

美籍德国哲学家赫伯特·马尔库塞在其著作《单向度的人》中说：“人应该具有两种思维，一种是肯定性思维，一种是批判性思维，缺乏任何一种，都是不健全的。”的确，缺乏批判性思维习惯的人经常会犯的错误，就是分不清事实和观点，特别容易出现盲从或非黑即白的二元思维模式。

比如，成功和失败。缺乏批判性思维习惯的孩子，只会看到成功就是成功，失败就是失败，两者是相对立的存在，却容易忽略两者是可以相互转化的。一个人即便失败了，只要正视、承认、分析、努力，就是把失败转变为成功的必要过程。没有失败就不会有成功，正可谓“失败是成功之母”。

什么是真理？“汉语拼音之父”周有光给出的解释是，“不允许批评的真理不是真理。真理，可以今天批判它、否定它，明天还可以批判它、否定它，在不断被批判被否定当中能站得住，那才是真理。”

因此，我们需要有意识地培养孩子的批判性思维，提高他们对信息的鉴别能力。而这既是一个人拥有创造力的基础，也是一个人拥有独立人格的基础。

我们知道，婴儿饿了、困了就会哭闹，这是他们对需求未及时得到满足的批判，是一种非理性的情绪表达式批判。再长大一些，当孩子出现独立意识时，会抵制一切阻碍独立意识成长的行为，比如爱和父母顶嘴、质疑他人的观点。从这个时候起，培养孩子的批判性思维将变得极其重要。

那么，如何帮助孩子培养批判性思维呢？

（1）允许孩子提出质疑

从孩子出现独立意识起，家长就要培育孩子独立自主的意识。以一种开放、尊重、宽容的态度，给予孩子试错和独立思考的空间，引导孩子自由讨论，鼓励孩子敢于发表自己独立的见解。即使是家长说的话，即便是权威的话，我们也要允许孩子进行反驳，而不是一味地让他们盲目服从。

（2）学会辨别事物的真伪

具备批判性思维的人能对一件事情给出更多的可能性，进而避免出现“全盘接受”“人云亦云”的情况。要让孩子学会批判性地去看待问题，以得出客观正确的结论，就应该从小培养孩子辨别事件真伪的能力，遇到问题时学会从多个角度看待问题，搞清事情的来龙去脉、前因后果等。

（3）及时给予肯定和表扬

成年人的想法并一定都是正确的，当孩子主动说出自己的想法时，他的内心是渴望父母的支持和鼓励的。如果孩子的意见正确，父母能够及时给予肯定和表扬的话，这会让孩子增强发表意见的信心。在这种鼓励下，孩子爱思考的积极性会大大增强，这样也就达到了培养批判性思维能力的目的。

“你认同我的说法吗？你有什么想法？”这是我经常问及女儿的问题，

我不会强求女儿认同自己的观点，当她提出质疑时我也不会反对，而会趁机启发和培养她敢于质疑的精神，为什么事情会这样发生？慢慢跟她解释事物发展的逻辑。如果是知识类、科普类的问题，我们会通过图书、网络等一起查询相关资料；如果我错了，我也会真诚地跟她道歉并作出纠正。

女儿现在上初中一年级，很独立，很有主见，条理也非常清晰。和她接触过的老师都会给她这样的评价：聪明好学，思维敏捷，学习上从不用老师操心。

哲学家说：“孩子的头脑不是一个等待填满的容器，而是一个需要点燃的火把。”无疑，批判性思维就是这样一个“火把”。

神奇小逻辑 玩出大智慧

霍华德是一位著名的乐器制作商，他想将亲手制作的一把吉他送给最聪明的孩子，为此他出了一道考题：3、9、15、21、（ ），猜猜下一个数字是什么？

正确答案：27。

答案解析：

3+6=9

9+6=15

15+6=21

21+6=27

综上所述，接下来21+6=27。

第四章
逻辑是语言的“内核”，排序才是关键

总是想到什么说什么，说话啰唆没重点，表达不清想法——这些看似是表达上的问题，事实上却是逻辑的缺失。逻辑是语言的“内核”，重点突出、逻辑清晰、层次分明、简单易懂的思考方式，才能帮助孩子想清楚、说明白，知道说什么、怎么说。

01/“鸡同鸭讲”的对话，可能是逻辑没打通

在教育孩子的过程中，不少父母会面临这样的苦恼，明明自己已经说得非常清楚，孩子却还是经常不明白、不理解，也做不好。

爸爸：“这次考试你的成绩有所下降，你知道吗？”

儿子：“考试考不好，我的心情也不好。”

爸爸：“你对成绩不满意，平时就要多努力。”道理没错。

儿子却回怼：“我同桌明明没我努力，但是这次比我考得好。”

“人家努力的时候你看见了吗？”爸爸气愤地质疑。

儿子也来劲儿了，追问：“那你看见了吗？”

……

这对父子为什么出现沟通冲突？听上去两人似乎都占理，但却明显不在一个沟通“频道”上，爸爸讲事实，儿子谈感受；爸爸说原因，儿子找理由……最终就是互相理解

不了对方的逻辑，也无法在认知上达成共识，就像“鸡同鸭讲”一样。如此，父亲说得再多，孩子也只会左耳进右耳出。

沟通是什么？沟通就是表达，将自己内心的想法，通过适当的逻辑和语言组织起来，传递给听者。大多时候我们之所以需要沟通，往往是因为彼此观点不一致。而沟通的目的，就是达成共识，进而解决问题。从根本上说，这也是一个沟通双方不断修正各自逻辑从而实现逻辑接轨的过程。

每个人的逻辑思维水平都有所差异，对事物的行为逻辑也理解不同，尤其是孩子与成人之间，由于身份、年龄、阅历、经验、技能等方面的不同，彼此的感受和看法常常是不同的，这就是沟通中最容易发生分歧的地方。如果这种局面任由发展，家长跟孩子的隔阂会越来越深，情感越来越淡。

如何说孩子才会听？不妨围绕最基本的逻辑重新梳理思路。当成人试着改变自己表达的逻辑，往往就能让孩子接收到更多的信息和更正确的感情。

具体如何操作？我们来看沟通的四个基本过程：

（1）发送方组织和传达内容；

（2）接收方接受内容，并做出反馈；

（3）发送方接受内容，并做出反馈；

（4）发送方和接收方达成某些共识。

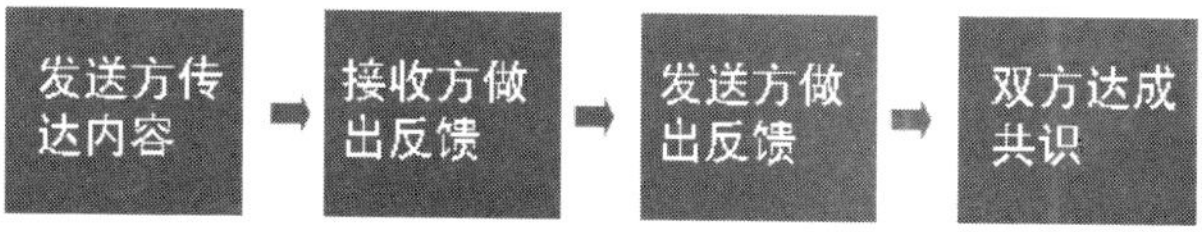

比如，孩子放学一回家就抱怨：“今天老师真是让人受不了，明天就周末了，却留了那么多作业！是想把我们累死吗？”

此时，不会沟通的父母会拒绝孩子的情绪表达：“老师留作业多也是为了你好，又不止你一个人有作业？写个作业还能把人累死？说白了，你就是懒，不上进。”

这样的话道理没错，可是孩子是在表达内心的一种情绪，更希望获得父母贴心的话语，可父母反而还对他有了一丝抱怨和指责。孩子会觉得自己多么孤立无援！到了这里，沟通往往就已经结束了。

而会沟通的父母会怎样处理呢？“真的很多吗？我理解你的感受，原想周末好好休息一下，结果来了那么多作业，还真是让人郁闷！不过老师肯定也会事先衡量的，只要你能好好按照进度来写，一定可以完成的。”

瞧，这就是区别，如果你是孩子，你愿意父母怎样对待你呢？

通常来说，父母在说教孩子时，最容易犯这样几个错误：

习惯性地站在自身的角度看待问题，而不考虑孩子的感受和情绪，这样“猜测”和“想当然”的说教注定是一场“鸡同鸭讲”。要想有效地传达内容，就要站在孩子的角度思考，用简单的语言描述他们可理解的内容，还要时刻注意对话中的情绪因素，这样才利于孩子接受并做出积极反馈。

你是那种把自己的想法强加给孩子的父母吗？这种做法忽略了孩子的独立性，强化了父母的控制欲，自然孩子就不愿意听你的话语。当我们表达观点时，最好要有意识地去询问。“对于这个问题，我的看法是这样的……你的看法是什么？”这样一确认，就能了解孩子的逻辑和判断。

几年前我们刚买新房子时，女儿非常兴奋，几乎每天都问我什么时候开始装修。在网上查询装修样板图时，考虑到女儿会有一个专属房间，我便询问了她的意见，问：“你喜欢自己的房间是什么样子？”

那时女儿年纪不大，却很有想法，答道：“妈妈，我想把房间的墙贴上粉色的壁纸，最好上面还有星星月亮。”“妈妈，可以给我买一个凯蒂猫的床吗？”“妈妈，上次看的《芭比公主》你还记得吗？我的房间最好能和芭比的一样。”……

女儿的这些想法与我设想的整体装修风格并不符，不过我清楚孩子想拥有一件完全属于自己的房间，包括装修风格。于是，接下来我让女儿自己选择喜欢的壁纸，把她的卧室按照她的想法进行了装修。当然，在尊重女儿意见的同时，我们也通过商量和讨论做了一些调整和改善。

因为参与了设计和装修过程，女儿清楚房间每件物品的用处，而且不用我督促，她每天都会用心地打扫房间，将所有东西都摆放得整整齐齐。

“通则不痛，痛则不通。”这一理论同样适用于沟通，要想和孩子实现好的连接，重要方法是——寻找“通点”。抱着欣赏和开放的心态，在对话中建立共同点。我们常说的“默契”，就体现在沟通双方对彼此的感受和判断逻辑的理解程度上，越是熟悉彼此的逻辑、立场等，越容易达成默契。

亲子之间的默契并非一朝一夕形成的，而是需要长时间的磨合和调适。

神奇小逻辑
玩出大智慧

你能将下列五个词语组成一个正确句子吗？

帮、捉虫子、啄木鸟、大树、热心的

____。

02/ “讲”道理的孩子先得“懂”道理

这世上最没用的教育方法是什么？在我看来，就是和孩子讲道理。然而，这却是当下许多家长最青睐的教育方式。

当孩子做错事或不听话时，你是不是会和孩子讲道理，恨不能把事情的前因后果分析得清晰明白？这样做的初衷自然是希望孩子少走弯路，更加出色，但若想动动嘴皮子，讲讲道理，就能教育好孩子，未免太过天真。孩子是有意识的个体，而讲道理的教育意图过于明显，孩子怎会主动接受？结果大人发现孩子仍旧没有改变“不良行为”就急了，便将讲道理变成了训斥与责骂，甚至责打。

“讲大道理”的交流方式，难以和孩子建立连接，其原因无外乎以下几点：

首先，是孩子没能理解道理。所谓道理，其实就是事情的是非曲直。而讲道理，就是通过逻辑论述让人明白。很多时候，父母在讲道理时，逻辑、语言都是以成年人的思维去说的，孩子年龄尚小，语言能力、逻辑能力并没有达到成年人的水平，这就导致有时候听不懂，继而做不好，做不对。

其次，是孩子听不进去道理。研究表明，小于7岁的孩子思维方式以具体形象思维为主，即理解一个事物必须建立在形象立体之上，到7—12岁时，具体形象思维才往抽象思维发展。而我们对孩子说的道理大多是抽象的，孩子的思维中形成不了事物的具体形象，自然就听不进那些道理。

最后，就是孩子记不住道理。一种主流观点认为金鱼的记忆只有7秒，孩子的记忆力比金鱼好，但由于他们欠缺深度学习和思考的习惯，对问题的逻辑分析也不是很到位，即便记住的东西过一段时间后也会忘记。所以，父母当时讲得道理，孩子可能会记住，但很快会抛之脑后，进而重复性犯错。

和孩子讲道理，多数情况下是讲不通的。当然，这也不是不要家长和孩子讲道理了，而是需要注意方式方法，合理地去表达。在和孩子讲道理时，要让孩子去体会、理解了、懂得了就容易内化成自己的道理。

听上去有些深奥莫测，举个例子就明白了。

小的时候，女儿吃饭是个大问题。虽然当时只有4岁，但她的胃口比较挑剔，经常是我一早起来变着花样做好了饭菜，她看到喜欢的就扒拉几口，不喜欢的瞅一眼就噘着嘴走了。

因为吃饭的事，我没少跟女儿讲道理：

“农民伯伯种粮食很辛苦，你要珍惜粮食，好好吃饭哦！”

“有些饭菜虽然可能不合你胃口，但是易消化有营养。”

“不好好吃饭的话，你就不会长个子，也不会变聪明。”

……

然而这些道理并没有改变女儿，有段时间她宁可饿着肚子也不肯好好吃饭。有时，我会忍不住严肃地批评女儿，结果吃饭时经常出现的场景就是：我在吼，孩子在哭。

怎么办？我决定换一种方式讲解，用孩子比较接受的方式进行劝说。当时女儿喜欢看大力水手的动画片，我就利用大力水手鼓励女儿多吃饭菜，“大力水手没有力气了，现在需要补充能量了哦！来，先吃一口绿色的小菠菜，再吃一口红色的西红柿……”渐渐地，女儿吃饭的劲头来了。

女儿活泼好动，像男孩子一样喜欢“打仗”的游戏。我就根据饭菜的不同“内容”，把吃饭打造成“打仗”的游戏。“这块胡萝卜是敌人的‘将军’，先把它消灭了。这个鸡块是敌人的‘司令’，如果你能把它消灭掉，这次仗就能打赢了。好了，现在把这碗汤喝了，也就端了敌人的老窝……”

同时，我也会鼓励女儿参与做饭的过程，比如，和我一起去超市买菜，清洗简单的蔬菜，炒菜时让她帮忙加盐等。因为做出的饭菜是自己的劳动成果，女儿自然也就吃得比平时多些。

孩子的理解和接受能力毕竟有限，而“大道理”是比较虚的逻辑概念，与其进行生硬枯燥的长篇大论，不妨试着用其他沟通方式代替，可以讲故事，可以举例子等，以孩子喜闻乐见的方式去沟通，从方式到内容利于孩子理解和接受，孩子在感情上不抵触，交流起来就会特别顺畅。

比如，借事喻理。联系实实际际的生活，善于从身边的小事讲起，通过对某一事情的描述、概述、归结出其中的特征或意义，剥茧抽丝地揭示某一道理。这种深入浅出的表达方式可以将道理变成看得见，摸得着的事实。既避免了直接说教的乏味，又有较强的说服力，让孩子可望又可及。

再如，问题诱导。将大道理分解成若干个小问题，用问话的形式向孩子提问，注意有步骤、有层次地诱导。这样做一方面能够调动孩子的兴趣，引发对问题的思考；另一方面能够创造一种和谐的、平等的沟通氛围，会让孩子觉得你是在平等地讨论问题，而不是在灌输令人生厌的道理。

搬到新家，我在阳台养了一些花花草草，看着心情十分愉悦。可女儿却喜欢摘花，一两天就将几朵漂亮的花儿揉搓得不成样子，越是不让她摘，她越是要摘。

“你喜欢这些花儿，是吗？”我忍着怒火问女儿。

“是。”女儿点点头。

“可你知道吗？你把花儿都摘了，它们会特别疼的。”

“它们又不会说话。”女儿反驳道。

“还记得你上次受伤吗？是不是很疼？你看根茎上这些汁，就是它们的眼泪。虽然它们不会说话，可它们一样会痛的……”

女儿点点头，“是吗？好吧，我不摘了。”

“那你可以保护它们吗？”我追问道。

“好吧！”女儿回应道。

当时女儿刚开始学习汉字，接下来我给每一盆花都取了拟人的称呼，长寿花爷爷、红掌阿姨、海棠姐姐、芦荟妹妹……然后一一贴上了标签。

结果是，女儿每天早晨都会记得浇花，还会热情地和它们打招呼。

道理不是拿来讲的，而是用来懂的，切记。

神奇小逻辑 玩出大智慧

一名医生的女儿说：“医生要带我去看望一名患者，该患者是她老公的妈妈的妹妹。”请问这个患者是女孩的什么人？

正确答案：姨奶。

答案解析：妈妈的老公的妈妈是女孩的奶奶，奶奶的妹妹即女孩的姨奶。

03/ 训练语言逻辑的入门法则

8岁的雯雯懂事又乖巧，但是她喜欢把什么事情都憋在心里，一和别人说话，她就会出现不敢说，说不清楚话，一件事结结巴巴半天也讲不明白的情况。平时雯雯的语文成绩也比较差，作文更是经常写得前言不搭后语……

为什么雯雯会出现这种情况？对此父母很不解，也很焦虑。

在我看来，这可能是性格使然，但更可能是父母没有做好语言引导。语言表达的能力因人而异，每个孩子都有自己的发育速度，但发育并非自然而然发生的，而是需要用科学的方法去引导。在缺乏语言滋养的环境下成长，语言能力自然无法发展，最极端的例子就是不会说话的狼孩。

遗憾的是，有些父母经常打断孩子或者批评孩子，不给孩子解释或者反驳的机会，导致孩子极度缺乏自信和勇敢，不肯与别人交流，更不敢大胆表达自己的想法；有些父母平时和孩子交流沟通少，孩子没有足够的机会来表达自己，语言组织能力弱，说话就容易抓不到重点，表达啰里啰唆。

孩子的成长教育深受父母影响，语言也不例外。关于如何提高孩子的沟通能力，提高良好的语言逻辑性，前面已经讲了一些方法，这里再提供一个有效方法——“4P法则”。简单来讲，“4P法则”就是由Plan（准备）、Performance（表现）、Push（推动）、Practice（练习）四“P”组成的法则。

具体来说，我们可以引导孩子从以下方面做出改变和努力。

（1）引导孩子提前做足准备

沟通，是需要用语言来做支撑的。我们吃饭，需要有饭可吃；渴了想要喝水，需要有水可喝。沟通，也需要有话可谈。为此，必须帮助孩子提前准备非常充分的谈话资料，最好制定一个“通盘”计划，例如明确自己该讲什么内容，通过什么方式讲述等，如此在沟通中能成为主动的一方。

在女儿入园之前，我曾提前花费了一周的时间，教她如何完整地自我介绍，包括自己的姓名、年龄、喜欢的玩具等。一开始训练时，以大人的提问为主，“你叫什么名字？”“你今年几岁？”……让孩子一一作答。等孩子熟悉这些内容以后，再鼓励孩子把这些话串联成一段完整的话。

因为提前做了充足准备，女儿入园时流利地、自信地做了自我介绍，不仅获得了老师的表扬，也轻松地得到小朋友们的认可。

（2）鼓励孩子勇敢表达自己

学会用良好的语言表达自己，这对孩子以后的成功非常重要。为此，家长平时要为孩子提供和创造表达的机会。例如，当孩子有自己的想法和看法时，要允许孩子自由地表达，并及时给予表扬、鼓励。即使孩子说得不理想，也要首先肯定孩子敢“说”的勇气，再给孩子提出更好的建议。

一个孩子只有敢于表达和沟通，才能理清自己的思路，加深自己的理解，迸发新的想法。

（3）尝试做自己害怕的事情

说话总是忘词、磕磕巴巴，特别紧张和不自在，甚至大脑一片空白，这是缺乏自信的表现。为此，可以鼓励孩子去做害怕的事，比如上课主动回答问题、参加一次公共演讲等。这可以和怯懦、胆小等个性特征说“再见”，当孩子变得越来越自信，良好的心态会让他们的表达思维逻辑更清晰。

一件事情只有多加练习才能做得更好，明白了上面的三个方法，然后针对性地进行重复训练，是可以做得最好的行动之一，这也是最后一个“P”的意义。

注意，孩子的模仿能力非常强，堪称父母的“复印机”。要想培养孩子良好的语言逻辑能力，家长平时还要注意自身的言行表达，这样会产生意想不到的效果。

神奇小逻辑
玩出大智慧

下面这些图片讲了一个有趣的故事，试着讲一讲吧。

04/ 训练语言逻辑的进阶法则

别的孩子三两句话就能说明白的话，自家的孩子却弯弯绕绕说半天也理不清。

别的孩子讲话能让人听得兴趣盎然，而自己的孩子讲话总让人听得无比心累。

……

面对这样的孩子，不少父母常常会肝火直冒。

孙亚因和同学发生冲突挨了老师批评，回家后父母问及原因，以下是孙亚的话叙：

“课间有人在我背上打了一拳，嗯那个……一开始我不知道是谁，一回头居然是汪鹏。然后，你们告诉过我在学校不能和同学打架，可是汪鹏本来就淘气，经常闯祸。后来……老师了解了事情经过，批评了汪鹏，也批评了我，因为我们耽误了上课时间。如果我提前和老师报告，就不会发生后面的事。但汪鹏打我的那拳太疼了，我就忍不住打了他。我俩抱打在一起，把桌子都撞翻了……”

以上表述是不是感觉有些混乱？这样的表述因果关系不明，前后顺序混乱，啰里啰唆地说了一堆，别人还是云里雾里，理解起来很是费劲。

孙亚之所以这样，说到底不是表达能力的问题，而是缺乏逻辑思维，没有形成快速有效处理信息的思维方式，大脑没有将信息归纳成逻辑清晰的结构。正是因为此，许多孩子无法有效表达自己的想法，总爱发脾气，喜欢扯着嗓子喊“我就想怎样……”“我就要怎样……”以宣泄情绪获得认可。

明白了这一点，接下来的问题就明了了，与其想方设法提高孩子的表达力，不如教会孩子如何对语言信息加工处理。

例如，一组数字“4、8、12、16、20、24、28、32、36……”要求孩子10秒内看一遍后闭上眼再进行复述，相信很多孩子做不到，但如果对这组数字“加工”一下，分析得出“每一个数都是4的倍数”，是不是就能轻轻松松记住？大脑偏爱有规律、结构清晰的信息，这正是逻辑整理的好处。

如果能在沟通中运用逻辑进行整理，孩子在说话之前就能从散乱的信息中提炼总结，整理完思绪后说出口的内容将重点突出，更有条理性，更有说服力。说到底，沟通的关键不在于“话术”，而在于背后的“逻辑”，就是说话要有条有理，按照比较缜密的逻辑顺序把事情、道理说清楚。

为此，可以试试“汉堡式结构”的思维逻辑。“汉堡式结构”通常是三个内容堆积在一起，形状类似于一个汉堡，常用的逻辑方式有：

时间顺序：开始、然后、最后。

步骤顺序：第一、第二、第三。

结构顺序：上、中、下。

因果顺序：原因、过程、结果。

空间顺序：东、南、西、北。

论说顺序：开头、中间、结尾。

程度顺序：最重要、次重要、第三重要。

……

由于受到年龄和理解力的限制，孩子对于事件的处理和认识往往是比较肤浅或者说是片面的。在表达相关具体内容时，难免会因为不熟悉而出现语言混乱的问题。而一旦学会以上表达逻辑，让孩子懂得通过简练、有层次的话语来进行思想表达，其说话方式自然也就能变得更有条理。

如果按照以上的逻辑结构，孙亚可以如此阐述：

首先，说原因。“汪鹏很淘气，经常闯祸，无缘无故打了我。”

其次，说过程。“那拳打得太疼了，我忍不住打了他。我俩抱在一起，把桌子都撞翻了……”

再次，说结果。“延误了正常的上课时间，老师批评了汪鹏，也批评了我。我有些后悔，你们告诉过我在学校不能和同学打架，如果我一开始和老师报告，就不会发生后面的事……”

这样的表达是不是简单明了，清晰易懂？

“为了提高学习成绩，这个周末我列了一份学习计划：第一，做一套数学试卷；第二，背诵三篇文言文；第三，写一篇英语作文……”

“要解决这个问题，需要从以下步骤入手。步骤一……步骤二……步骤三……”

“一个人要想变得优秀，首先得明确自己的目标，我想成为什么样的人。其次要列出行动步骤，我应该如何去做。最后要坚持不懈，提醒自己一直努力去做。”

……

这样的表述训练，多多益善。其关键点在于，列出想要表达的所有内容要点，然后找出各个要点之间的逻辑关系。引导和鼓励孩子通过将所表达事件进行条理的分清概括，再加以整合，就能轻松避免说话颠三倒四、啰里啰唆等没逻辑说不清的问题了，如此也方便别人接受和理解信息。

神奇小逻辑
玩出大智慧

“这场雨从昨天早晨就开始了，到今天傍晚已经下了两天两夜。”

这句话有逻辑错误吗？请指出谬误之处，并问说理由。

正确答案：这句话有逻辑错误，“两天两夜”的说法不准确。

答案解析：从昨天早晨到今天傍晚，这段时间为两天一夜，非两天两夜。

05/ 训练语言逻辑的精英法则

语言和思维是相辅相成的，具体来说，语言是“外化”的思维，思维是“内化”的语言。孩子若想能够思路清晰，有所重点地说清一件事，就要学会用事实和逻辑支撑自己的观点。这需要在归纳总结的基础上，对语言措辞进行斟酌和打磨，更准确地说，这是一个弃芜求精、升华、浓缩、精练的过程。

在这一方面，教会孩子“5W1H”原则，往往将事半功倍。

所谓“5W1H”，即5个W和1个H开头的字母，分别代表“What”“Where”“When”“Who”“Why”以及“How”。这一思维方式可指导孩子更加全面地考虑问题并清晰高效地表达，凡事讲得清清楚楚、明明白白。

“What”——这是想要表达的内容。这个问题看起来简单，但在实际操作中很多孩子做不好，因为他们常常不能很有逻辑地表述自己的感觉。弄清楚自己想说什么的过程不容易，需要分清哪些是事实，哪些是对现象的描述；哪些是自己的观点，哪些是别人看法的综合等，并找出表达重点。

“Where”——在什么地点可以说这些话？在公共场合，还是私下里？要在恰当的场合中说恰如其分的话。

“when”——这些话需要什么时候说？是在事情发生前、发生中，还是发生后？

“Who”——想一想，沟通的对象是谁？你需要与哪些人沟通，比如老师、朋友、父母、同学、陌生人等，这是沟通过程的出发点和落脚点。

“Why”——为什么要说这些？沟通的原因是什么？想要达到什么样的目的，即Why。

接下来，就是“How”——如何说？表达的时候是带着开心、伤心、愤怒还是无所谓的情绪？是口头表达还是写下来表达？

1
What：何事？
2
Where：何地？
3
When：何时？
4
Who：何人？
5
Why：何故？
6
How：何法？

“5W1H”原则

这样的结构化表达能帮孩子对想法进行整理，让自己的思维更有深度，更有逻辑，进而大量删除无关紧要的话，以便表达时实现简明扼要、井井有条。

“5W1H”原则只是方法而不是定理，使用时不能机械死板地硬套。根据具体内容灵活地去掌握和应用，这才是王道。

神奇小逻辑 玩出大智慧

回想一下今天发生的事情，并说说自己的感悟。

第五章 思维模型＋刻意练习＝跨越式成长

逻辑是一种不被事物表象迷惑，直达事物“本质”的思维，了解行之有效的思维模型很必要，更重要的是让孩子不断地去练习、练习、再练习，直到它们真正成为思维习惯的一部分。思维模型+刻意练习=跨越式成长，这也是孩子赢取未来的关键。

01/ “5Why 思考法”和“5So 思考法”

怎样培养孩子的逻辑思维能力呢？一个最简单的方法就是多问为什么，提问是积极思考的标志，从产生疑问到得到答案，这是一个运用概念、判断、推理等形式进行分析、综合、比较、抽象和概括的过程，也是掌握知识的必要途径。所以，那些“问题”多多的孩子，往往成长快速，也更聪明。

学问学问，不懂就要问。面对孩子的“十万个为什么”，如今不少家长已经能够正确对待，也会鼓励孩子多提问题。

然而很多时候，一个问题并非简单的“因为”“所以”，而是存在无数复杂的、深刻的影响因素，包含多个思考方向和思维层次。不少孩子虽然经常提出问题，也会进行问题分析，却因为没有拓展思维广度，无法深入到问题的核心部分，最终只是“治标不治本”的“症状缓解”。

逻辑思维不是一次性的思考，而是一种持续性的状态，如同链条一样从一个节点延伸到另一个节点，绵延不断——

比如简单的数学证明题会让从条件A推到结论B，而复杂的证明题则让从A推导到B，再从B推导到C、D、E、F……在持续的思考中，不断逼近问题的本质，触及根本。

可以说，逻辑链条延展得越长，孩子的思维能力就越强。一个孩子只有拥有足够长的思维逻辑链，才能认知较长的因果链条，找到问题真正的起因。真正的起因找到了，问题自然就能彻底解决，可谓“理明则通”。

那么，如何扩展孩子的逻辑思维链？在这里，提供两种有效方法：“5Why思考法”和“5So思考法”，这是因果关系的两种基本点，是一种引起和被引起的关系。

“5Why思考法”指对一个问题连续多次追问“Why”，直到找出问题的根本原因。一个问题之所以能够成为问题，一定是有原因的，并且原因往往不止一个。多问几个“为什么”，顺着问题的前因后果，从百般头绪中找出症结所在，才能想到最恰当的措施，从而化难为易，真正解决问题。

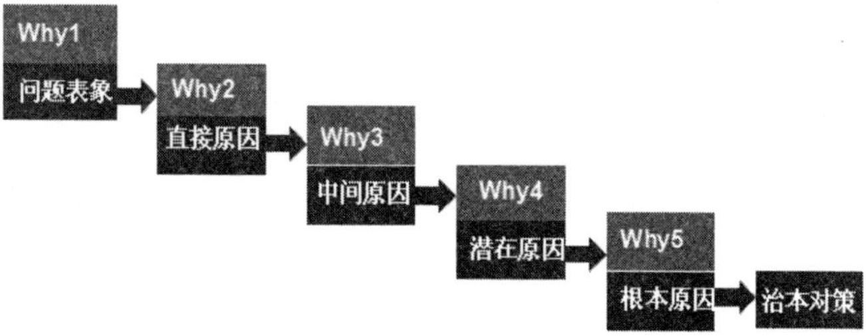

“5Why思考法”

如图，沿着“为什么”的路径逐一提问，先问第一个“为什么”，探寻出原因后再问为何会发生，以此类推，就能挖掘出问题的真正原因。

电灯为什么会亮？——因为有电。

为什么电能够使电灯发亮？——因为有电热通过。

通电为何会产生电热？——因为电流中的电子与灯丝中的电子发生碰撞，碰撞过程中发生了能量交换。

……

如果不是具有深度的追问能力，是很难了解到这一层的。

和“5Why思考法”相反，“5So思考法”是指对一个问题连续追问“So”。这个问题会产生什么样的结果？产生了这样的结果，还会有怎样的影响？……一步步地深入进行思考，以探究它对未来可能造成的深远影响。

一天，小侄子因为贪玩迟迟不做课后作业，并且他很不以为然，为此我利用“5So思考法”帮助他分析这样做的最终结果会怎样：

“如果你不及时完成课后作业，会怎样呢？”我问。

见小侄子不说话，我解释道：“课后作业是对知识的复习和巩固，如果你不及时完成，就会遗忘今日所学的知识。”

“那又会怎样呢？”

“接下来，你学习新知识时就会比较吃力。那又会怎样呢？”

“长此以往，学习就会变得越来越困难，那又会怎样呢？”

“你将无法升入心仪的大学，对自己的人生失去信心……”

……

这是我对“5So思考法”的一个小尝试，很显然，它有助于思维链更多地延长下去，使我们对问题的思考更加深入具体，进而为更好地处理和解决问题打下良好基础。

注意，这里虽叫作“5Why思考法”和“5So思考法”，但使用时不限定只做5次探讨，也许是6个、8个或者更多，最关键的是采用逻辑思维链的前因后果的推导方法，避免陷入简单思考和浅度思维的固化思路。确定次数的原则是，不断地追问原因和结果，直到问题变得没有意义为止。

要用好这两个方法并能解决问题，还需要遵循一定的原则。

（1）询问和回答要在限定的流程范围内，要有符合逻辑的因果关系。

（2）朝着解决问题的方向进行分析，要多寻找可管可控因素，能从中找到行动方向。

（3）刨根问底不等同于钻牛角尖，要适当打破以往既定的思维模式。

神奇小逻辑
玩出大智慧

为什么秋天一到，很多树木的叶子会落下来？其中的奥秘是什么？

02/ 种一棵自己专属的“逻辑树”

要解决某一问题，先要理清其中的逻辑关系，才能对问题进行深入分析。

不过，孩子的逻辑思维能力有高有低，逻辑性强的孩子能按照一定的规律有条不紊地思考，按部就班地分析，通过不同的角度全面透视问题，进而高效地解决问题。而逻辑性差的孩子做得就没那么好了，他们总是想一出是一出，做事没有章法，缺乏条理，大概80%的难题就是这样产生的。

那么，后者该如何“逆袭”呢？

现在我们来学习一个最常使用的问题分析工具——“逻

辑树”。

“逻辑树”也称“问题树”“演绎树”或者“分解树”等，是一种连接界定问题与议题之间的纽带，指的就是把问题的所有子问题分层罗列，从最高层开始，逐步向下扩展。

之所以称为“逻辑树”，是因为它的解析过程像一棵树的生长。将一个已知问题或任务当成“树干”，然后思考所有相关联的子问题或子任务，每想到一点就加一个“树枝”，并标明这个“树枝”代表什么问题，一个大“树枝”上可以延伸出多个小“树枝”，如此类推，直到找出所有相关项目。

“逻辑树”的优势在于，通过“树干”和“树枝”的搭建，一步步地分类和归类，可以找出问题的所有相关项，把一个复杂的大问题细分为多个简单的小问题，帮助孩子清晰且快速地理清所有思路，进而推动问题的处理和解决。

女儿班上一个女同学患了重病，动手术需要20多万医疗费，他们一家东凑西借仍然差七八万。女儿和班上同学知道了此事，纷纷愁眉不展。

“你很想帮助这位同学，是吗？”我问。

“是的。”女儿低着头回答，“可是我没有钱，根本帮不到她。”

“的确，七八万不是小数目。”我回答，“不过，你可以想办法去解决。”

“我可以做到吗？”女儿惊喜地问，

如何获得七八万的资金呢？接下来，我使用“逻辑树”进行了一番分析。

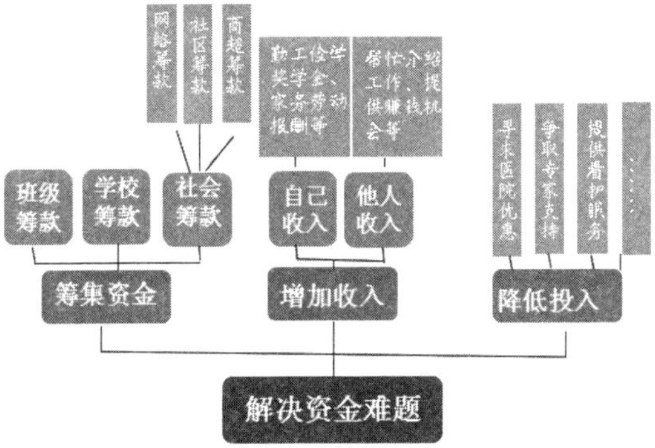

构建“逻辑树”的三步骤：明确主题→梳理信息→层层分解。

如图，树根象征核心主题，树干代表关键分枝，树的枝叶则是细节信息。

首先，我明确了当前问题：资金问题——即“逻辑树”的树根。

接下来，我从主题出发开始思考，列出了解决问题的三种途径：筹款、增加收入、降低投入——即逻辑树干。

然后，为了让问题一步步落实，我将这三种途径层层分解，“逻辑树”得以建成。

最终，一个原本复杂的难题，确定为一个个具体简单的问题，女儿明确了行动方向。

“逻辑树”是一个完整而具体的思维框架，针对各个部分进行进一步的分析时，要主动思考可能涉及的因素，然后再顺着这些因素分别加以推导，推导过程中注意不要偏离目标。平时引导孩子多多应用“逻辑树”训练自己的思维，假以时日，他们一定能够熟练掌握这一思维“法宝”。

神奇小逻辑 玩出大智慧

你最近观看的一部电影是什么？试着评价一下吧。

温馨提示：可以考虑从演员演技、电影画面、故事情节、音乐等几个方面分别评价。

03/ 穷尽、不重复、不遗漏：MECE 原则

俗话说“凡事三思而后行”，我们常常教育孩子做事之前要冷静思考，考虑清楚了再去行动，结果往往会好许多。不过，做到“多想”就可以“想清楚”吗？也不是，无效的思考，想一百遍一千遍也是白搭。

某幼儿园共有196个学生，大班属马52人，中班属马18人，小班属马1人。男孩属马38人，女孩属马32人。请问，该幼儿园属马学生的比例是多少？

这是女儿曾做过的一道数学题，猛一看情况十分简单，一旦“过招”才知“水深”。在计算的过程中，不少孩子会将各个人数放在一起计算，进而产生数目上的重叠。或者内容有所遗漏，计算就会出现错误。

无论重叠还是遗漏，都意味着逻辑不清。如果多重区域发生内容重叠，那么我们就无法梳理清楚真正的原因。如果没有涵盖问题的所有方面，最终推演出来的方案就有可能以偏概全。那么，该如何教孩子做到不重叠、不遗漏的分类，而且借此把握问题的核心，并有效地解决问题呢？

这个时候，我会建议使用MECE原则。

“MECE原则”由麦肯锡咨询顾问巴巴拉·明托提出，英文全称是“Mutually Exclusive Collectively Exhaustive”，通俗来说，这一原则指的是在一件事情的处理上，我们不能过于关注完全体的直观概念，而要将相关的事件通过分解的方法，将其分为一个个方面的小类再加以进行阐述。

运用MECE原则时，具备以下两个关键点：

（1）完整性

所有部分必须完全穷尽，也就是说涉及的内容是全面的，完整的，不可有遗漏的部分。

（2）独立性

各部分之间相互独立，说的是问题的细分要有明确的区分、彼此之间要独立，内容上不可交叉重叠。

MECE原则具有很强的逻辑性，既可以将问题的各个要素独立出来，又不会影响到整体综合性，进而为真正的“想清楚”提供具象的判断标准，让原本混沌的思考变得结构化，思路更清晰、想法更完善。

“好记性不如烂笔头”，随时记录和摘抄是我的工作习惯。只要无论是阅读文章、参加会议还是与人聊天，只要内心受到启发，我就会立刻认真地做笔记。这些年日益累积，电脑中已经储存了近百万字数的笔记。我时常会打开这些文档阅览，作为参考资料的稳定来源，效果非常不错。

为了保证所有资料都被有序地管理，在做笔记时我遵循的就是MECE原则。我依据内容关键词将资料分为不同文件，如：“思维”“方法”“习惯”“细节”“问题”。其中，名为“思维”的文件记录的是有用的思维方法，如思维导图、金字塔原理、思考帽等；名为“方法”的文件记录的是有关工作方法的相关资料。这样处理之后，我不需要打开文件就知道大概内容，查阅十分方便。

在使用MECE原则过程中，还要遵循一定的步骤。

第一步：确定问题范围。

使用MECE原则时，首先要明确我们要处理的问题是什么，想要达到什么样的目的。这个范围决定了问题的边界，所谓“完全穷尽”也是有限定范围的，否则题目太大，扯得太远。

第二步：寻找最佳切入点。

一个好的分类，是从寻找切入点开始的，就是准备按照什么原则进行区别，或者说划分的标准是什么。比如，是按时间先后分还是按事情的大小划分？是按内容的重要性分还是事情的紧迫度划分？最简单的，我们可以教给孩子“二分法”，比如男性和女性，白天和黑夜，收入和支出等。

比如，某学校要统计男女比例时，以“性别”属性进行划分最科学。

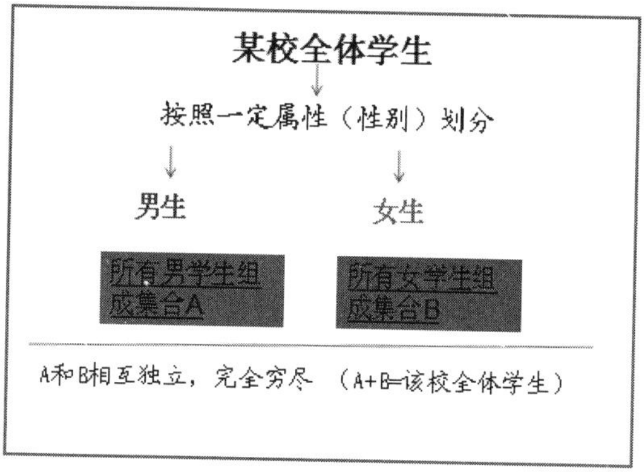

第三步：整个结构最好控制在三个层级之内。

找出大体的分类之后，可以用MECE继续进一步细分。比如男性和女性，还可以按年龄、职业、收入等要素进一步细分。但原则必须且只能是：更快地找到想要的东西，一切与此原则相悖的都应舍弃。分类越细，检索和浏览的效率就会越低。因此，建议整个结构最好控制在三个层级之内。

第四步：检视是否有所重复或遗漏。

MECE原则最大的优势就是让思考更结构化，不重复，不遗漏。分完类之后必须好好检视，查看是否有明显的重复或遗漏。

一旦孩子做好了这些，思路就会被引领到更加广阔的视角，透过那些纷繁杂乱的表象，让一切问题都变得清晰起来。

神奇小逻辑 玩出大智慧

在1—13数字中任选4个数，不能重复，通过加减乘除四则运算，得出24的结果。

想一想，有多少种计算方法？准备一套扑克牌，试着做做。

答案及解析：

$10-4-3\times(-6)=24$

$4-10\times(-6)\div3=24$

$3\times[10+4+(-6)]=24$

你还能想出哪些方法？

04/ 孩子做事没条理，“四象限”排排序

“孩子做事没有效率，怎么办？”

这是我经常被问及的一个问题，也是孩子身上普遍存在

的一种现象。

擦书桌、削铅笔、整理书……学习或做作业时总爱做其他事。

一放学就坐在沙发上看电视，非要等到很晚了才开始着急写作业。

日程表排得满满当当，一整天忙忙碌碌下来，真正要做的事却没有完成。

……

以上都是低效的典型表现，而这种状态归根结底都只是一个原因：孩子做事没有条理，不分轻重缓急，没有抓好重点，这是逻辑思维能力不强的表现。

孩子的注意力持续时间十分有限，即使面对感兴趣的事情，他们的注意力也不会持续太久，这是幼童的年龄特点所决定的。如何把有限的时间高效利用起来？——要把80%的时间花在能出关键效益的20%的事情上，这也是管理业用得最多的“80/20定律”，计量的是投入和产出的逻辑关系。

为什么重要的事情要先做？道理很简单，每天总有好几件事情等你处理，如果你总是急着处理事情，不分轻重，很可能将精力花在无关紧要的事情上，而重要的事情则一拖再拖，期间你的精力被一点点消磨掉。待你精神状态不好时，怎么可能把重要的事情完成？如此，做事效率怎么会高？

学生的主要任务是学习，每个孩子都应当全身心地投入到学习中去。但别以为孩子把主要时间用在学习上就行了，这只是说明大的努力方向对了，具体来说还要细分主次事项，按照轻重缓急合理地安排时间。谁能在有限的时间里最大限度地做最重要的事，谁的效果就高，谁就是赢家。

要做好这一点，不得不提“四象限法则”。“四象限法则”是著名管理学家科维提出的一个时间管理理论，他按照重要和紧急两个不同的标准，将我们每天要面对和处理的事情，划分为四个象限——重要又紧急的事项、重要但不紧急的事项、不重要但紧急的事项、既不重要也不紧急的事项。

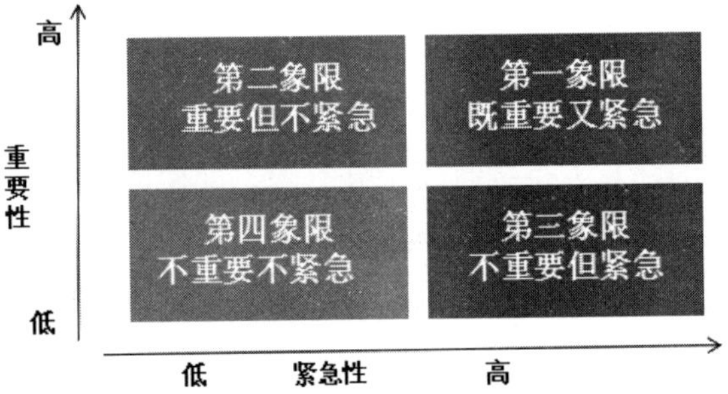

四象限法则

第一象限重要又紧急的事项，是那些具有非常重要的价值意义，且是当务之急需要解决的事。比如，放学前要交给老师的作业、准备明天的发言稿、考前冲刺复习等。

第二象限重要但不紧急的事项，是那些虽然具有重要意义，但没有明确完成期限，或者完成期限较长的事。比如，制订年度学习计划、树立远大的梦想等。

第三象限不重要但紧急的事项，就是那些意义没有那么重要，但是需要马上去做的事。比如，帮助同学辅导作业、参加各种课外活动等。

第四象限不重要也不紧急的事项，就是那些无关紧要可以不做的事情。比如，看电视、玩游戏、看视频、胡思乱想等。

总体来说，这四级工作是这样操作的：

重要又紧急的事项必须在短期内完成，需要立刻行动起来去做，而且要集中精神做到位。一旦孩子完成这些事情，效果会十分显著。

重要又紧急的事项完成后，需要转入做重要但不紧急的事项，这类事情尽量争取早些完成。若规定的完成期限较短，就应该将它们提升为重要的事情。如果没有早点重视和解决，一直习惯拖延着，今天不要紧的事项可能明天就突然变得重要起来，到时候“临时抱佛脚”根本来不及。

孩子的时间和精力是有限的，做多了第三象限的琐事，就没有时间去做第一和第二象限真正应该做的事。对于紧急但不重要的事项，要尽量少花费时间，或者集中时间统一处理，或者安排给别人去做。如果孩子在这类事务上分配的时间过多，那么整体效率会很低，而且离目标会越来越远。

不重要也不紧急的事项，价值最低，这样的事能不做就不做。如果孩子确实想做，就要提前限定时间，比如看电视

1小时，时间到了立刻停止。

现在你应该发现了，按照“四象限法则”进行分类，可以非常清晰地知道哪些任务是优先的，具体应该怎样安排时间，把时间先花在哪里，花多少时间。当一个孩子清楚了这些，就会知道自己下一步该做什么，进而通过提高学习和生活中的办事效率而掌控自己的生活，创造出更大的价值。

孩子在成长的过程中会遇到许多事情，但他们大多缺乏分清事情轻重缓急的能力，这就需要我们家长耐心地对孩子进行引导。

“你今天必须需要完成的事情有哪些？”

“哪些事情可以努力程度翻倍，效率也翻倍？”

“你正在做的事情是否适合现在这段时间？”

“哪些事情可做可不做，对学习和生活影响不大？”

“哪些事情暂时可以延后处理？”

……

当然，这里的“界限”不是绝对的，而是相对的，也就是说各级事项是可以灵活变动的，而且要根据孩子的实际情况而定。比如，主课比副课的占比重些，往往需要更多的时间和精力投入。但即便同样是主课，许多同学又有强弱之分，将课后自习时间适当向弱项倾斜，才能补齐“短板”。

对学习有清晰的规划，清楚自己的目标是什么，这样的孩子前途无量。

神奇小逻辑
玩出大智慧

在括号里填上空缺的词：

美好的清晨（好奇）神奇的自然

树威风（ ）习武精神

正确答案：威武

答案解析："好""奇"分别为所在短句的第二个字，第二列短句第二个字分别为"威" "武"，故在括号里填些"威武"。

05/"金字塔"的自上而下和自下而上

无论是做事、说话还是写作等，都需要逻辑清晰、层次分明、重点突出，这也是孩子成才和成功的必备条件之一。

有没有更简单高效的方法？可以让孩子快速理解并掌握？这是许多家长不断追问的问题。还真有，有个专门是针对逻辑进行训练的结构模型，叫作"金字塔结构"。

我们知道，金字塔通常包括塔尖、塔身、塔基三个部分，所谓"金字塔结构"就是用金字塔的形式，将某个问题、现象或事件等分解成多个不同的层次，它具体包括自上而下和自下而上两种结构。

所谓自上而下，就是从“塔尖”的核心开始，自上而下逐步将它分解成下一级的多个子项。这个过程就是要不断增加级数，沿着各个分支细化内容。有了这样的规范流程，就能清楚每个分支的每个流程，宏观地把握整体内容，在思考和执行的时候，既有条理又好记，进而得心应手。

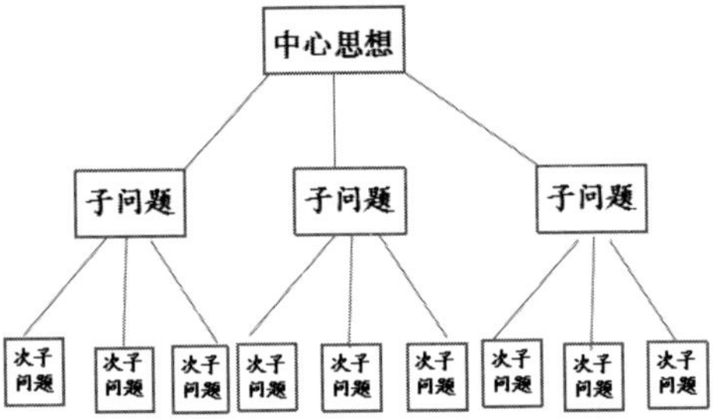

……

“金字塔”自上而下法

例如，运用“金字塔”自上而下法分析读书的技巧。

先在金字塔最顶部的方框，填入主题“读书技巧”。

（1）逻辑结构。关注书籍的逻辑结构，这是阅读的重中之重。这种方法既可以了解图书内容，又锻炼了逻辑思维能力，还能保持长时间的记忆。

（2）做好标记。划出书中的经典句子、段落、标记关键词等，这有助于把握关键和重点。

（3）经常复习。做好标记后，不断地重复阅读，可进一步加深记忆，提炼中心内容。

（4）交流和讨论。多和别人进行交流和讨论，既可以加深内容的分析理解，又能了解到别人的看法，效果也会很好。

（5）写读后感。通过反复的阅读、讨论交流和对逻辑结构的把握，再结合自己的理解写一写读后感，这样才能让学到的知识真正变成自己的“血肉”。

这样的结构一目了然，可以让孩子明确自己的行动方向。当然，读书的技巧和方法还有很多，以上只是个人认为较好的五种方法，具体运用时要因人而异。

自下而上结构又称“倒金字塔结构”，和自上而下法相反，自下而上法遵循的是从“塔底”向“塔尖”的轨迹，一开始就要尽可能列出所有的要点，在列出的所有要点中，思考它们之间存在的逻辑关系，然后将具体要点一步步进行整合，归总到一个整体活动或一级内容当中，直到得出结论。

“金字塔”的自上而下法适用于表达具备层次、层级关系的概念，自下而上法则适合于用某些维度将复杂的事物进行分解，找到关键点和着力点所在。

譬如孩子计划阅读一本寓言故事，但这本书洋洋洒洒有10多万字，孩子是不是很容易就吓得没有了阅读兴趣？心想读完这本书要到猴年马月。此时，如果运用自下而上法将书分成几个部分，一天阅读一个部分。如果孩子能坚持每天阅读一两千字，那么一两个的时间就能读完这本书，是不是？

我们不可能一口吃下一头大象，但将大象宰杀成一小片一小片后就很容易入口一样。同样，将整个任务分割成一个个易处理的子任务，或者多个步骤，这样就降低了对大任务的恐惧感，而且从一个个小任务（步骤）入手各个击破，往前推进就容易了，利用积累的方法就能轻松完成事情。

神奇小逻辑 玩出大智慧

请帮下图的四辆汽车分别找到“回家”的路。

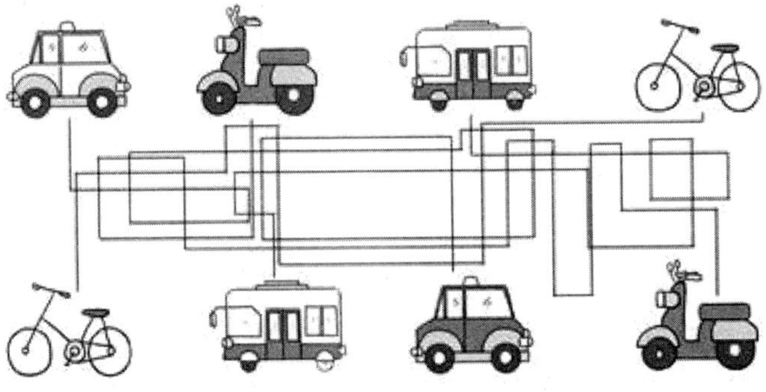

06/ 一张“流程图”，解决大问题

现在的孩子大多都是“大忙人”，他们每天要做的事情

非常多——上课要认真听课，做好笔记；课后要复习巩固及完成作业；还要参加各种辅导班、兴趣班、课外活动、科技小组，周末可能也不得闲……面对内容繁杂的生活，很多孩子忙到手忙脚乱，不知所措，父母们也为此不断烦恼。

在成长的道路上，孩子怎样才能做到游刃有余呢？

一个有效方法就是制作“流程图”，这是常用的逻辑思维方法。所谓“流程”，就是为了完成某一目标而进行的一系列相关活动，流程中的每一个步骤叫作一个活动。流程有比较严密的先后顺序，当出现纷乱如麻的状况时，寻找流程体系框架中的薄弱环节并加以改进，往往就能提高效率。

“凡事预则立，不预则废。”这是我经常提醒女儿的一句话。无论是学习还是生活方面，我会提醒女儿事先制作“流程图”，什么时间做什么事都要有章可循。这不是一道简单的程序，而是让女儿梳理思路、增加条理，进而约束自己的行为，减少时间、精力上的浪费，促成目标的实现。

或许你会产生疑问：小小的“流程图”真有这么神奇的作用吗？我们接着往下看。

“这次期末考试，我想考到班级第一名。”女儿信誓旦旦地说。

女儿平时一直在2—5名徘徊，听到此话我自然满心欢喜，“那你要加油了哦！”

接下来，女儿明显比平时更用功了，每天回家后不用催促她就会写作业、复习、刷题等。但很快我发现，看课本时她常常翻翻这一章，看看那一页。一会儿看看语文，一会儿做做数学题等，像一只没头的苍蝇一样。没有计划，没有条理，东一榔头西一棒槌，很显然这样的学习状态是糟糕的。

一问果不其然，女儿郁闷地说："为什么我越努力，越觉得什么也学不好？我甚至不知道自己明天该学习什么？"

我沉思了几分钟，和女儿说道："你需要列出一个学习流程表，把每个时间段学习什么提前做好计划，比如每天做完作业后再做10道计算题，5道应用题，背诵相关的数学公式；早上六点半到七点，背诵两篇英语作文或者两篇古诗文……这样就可以保证学习的全面性和有效性。"

随着流程表的不断实施，女儿对于学习越来越积极。

同时，我还会根据女儿每天的表现进行打分，每个项目满分为5分，一周满分为125分。一周得100分以上，给予一种奖励；115分以上，给予一种两种奖励。奖励内容包括去游乐场、讲故事、做游戏等。不到4周的时间，女儿已经不需要"考核"就能自觉地做好计划表中的每件事了。

流程图是对目标的设想和安排，如提出任务、指标、完成时间和步骤方法等，对于孩子尤为重要。毕竟孩子的自制力相对较差，仅靠自觉性很容易出现一些想象不到的偏差，如完成时间滞后，质量水平降低等。而流程图有一个量化的指标，按照计划的步骤、要求一步步完成，效率才会有保证。

当然，流程图不是简单说说，而是讲究方法原则的。

（1）让孩子参与制订过程

一件事情要怎么做，为什么要这样做，制订流程图时要让孩子参与进来，和孩子一起探讨完成，不能只是家长唱“独角戏”。比如周末是先去同学家玩，还是先在家写作业，让孩子自己思考，自己选择，并说出自己的理由。这样孩子会感受到父母对自己的尊重，增强执行流程的动力和自我监督力。而且孩子也可以逐渐培养勤于思考的习惯，制订出来的流程会更具有条理性。

（2）任务量一定要符合实际

流程图的制订一定要符合孩子的实际情况，即孩子通过个人努力就能达到目标。不要把任务量设置得太多，比如孩子今天只能完成五件任务，却列出了七八件待办事项，既会导致孩子的手忙脚乱，又容易引发焦虑、不安等情绪，打击孩子的积极性。要找到不多不少的平衡是很难的，不妨多尝试几次。

（3）标明事项的完成时间

缺乏时间观念，许多孩子都有这个问题，这也是逻辑性差的表现。在制订流程图的时候，不少孩子会犯一个错误，就是只列事项却不做时间“量化”。

所谓时间“量化”就是把时间划分为一个个段，可以以一分钟、一小时为一段，也可以以一天、一周等为一段，然后安排进相适应的内容，为各个时间段命名、写备注，即做出时间安排和计划，在某一特定的时间内要做哪些事情。

6:30—6:45 AM，起床洗漱

6:45—7:00 AM，背诵一篇古诗文

7:00—7:30 AM，早饭时间

7:30—8:00 AM，复习昨晚学习内容

8:00—8:30 AM，休息娱乐时间

8:30—9:00 AM，预习新的知识

……

对于自己要做的事，有准备、有步骤、有安排、有计划地去执行。如此一来，孩子就会有条不紊地做好每件事，积少成多，聚沙成塔，从此变得越来越优秀。

神奇小逻辑 玩出大智慧

植树节这天，花花和妈妈一起种下一棵树。下列图片是她们种树的场景，按照先后顺序进行排序，你知道怎么排吗？

07/ 正着不行，那就试试“反着来”

你玩过走迷宫的游戏吗？在玩这个游戏时，你认为最快找到出口的方法是什么？

在这个游戏中，只有一条正确的路径。当我们选择从入口开始寻找路径时，可能很多路径走到一半就会断。此时，如果从终点反推路径，即使也有可能走错，但是试错的频率肯定比从入口进入要少，因为从终点出发的路径往往具有唯一性，这就极大提高了效率。这，就是逆向思维的运用。

大脑的思维模式有一个特点，就是思考问题时是有方向性的，由此产生了正向思维与逆向思维两种形式。所谓“正向”和“逆向”是相对而言的，一般认为，正向思维是指常规的、常识的、公认的或习惯的想法与做法。逆向思维则恰恰相反，是对传统、惯例、常识的反叛，是对常规的挑战。

在大多数情况下，我们采用正向思维，就能找到解决问题的方法，收到令人满意的效果。然而，现实中也有很多问题利用正向思维不易找到正确答案。当解决这一问题的手段受阻，就需要转换另一种角度思考，进而克服思维定式，破除由经验和习惯造成的僵化的认识模式，以使问题顺利解决。

例如，在做数学单选题时，当孩子在分析题干以后，仍然无法判断正确选项时。这时不妨直接代入备选选项，试着从答案去推倒解题过程，逐步排除无关和错误选项，有时在代入过程中直接就可以把符合条件的正确选项筛选出来，最后得出正确答案，这是解决逻辑推理题目的常用方法。

逆向思维其实十分简单，就是将日常思维“反着来”。

司马光砸缸救人的故事，相信很多人都听过，这就是逆向思维的典型例子。有小伙伴不慎掉入水缸，常规的思维模式是“救人离水”，但大大的水缸又高又滑，小小的司马光够不着小伙伴。怎么办？面对异常紧急的险情，司马光果断地用石头把缸砸破，通过“水离人”救了小伙伴性命。

儿童时期是思维活动发展的关键阶段，也是逆向思维发展的关键阶段。在孩子思考问题时，家长们可以适当地对孩子进行逆向思维训练，通过各种创造活动引导他们从另一个方面或者完全相反的视角进行思考。

在逻辑学上，由于对立统一规律是普遍适用的，所以逆向思维也有多种形式。例如，空间位置的颠倒，上与下、前与后、左与右等；性质上的对立：软与硬、高与低、热与冷等；过程上的逆转：固态变液态或液态变气态、电转为磁或磁转为电等。这些对立现象的存在，都是逆向思维。

有很多简单的活动可以很好地培养孩子逆向思维，比如鼓励孩子在日常生活中进行观察，从事物的功能、结构等方面，区分事物相反的属性和特点；引导孩子从另外的角度重构经典童话故事的结局；根据“口令”做相反的动作，说“起立”，孩子要坐着不动；说“伸右腿”，孩子要伸左腿……

长此以往，孩子就能打破固有的、习以为常的思维习惯，思维能力定会获得质的提升。

需要注意的是，在认知发展的初期，由于认知能力的不足或者相关知识的缺乏，孩子在逆向思维的尝试中可能会犯错，这就需要我们成人用非常规的方式去观察，理解孩子每一个行为背后的意义，知其然还要知其所以然。

神奇小逻辑 玩出大智慧

王琳在上学途中经过4个红绿灯路口，每个路口遇到绿灯的概率均为30%，求她在上学途中至少遇到一次绿灯的概率是多少？

A. 20%　B. 40%　C. 50%　D. 76%

正确答案：D。

答案解析：王琳至少遇到一次绿灯的概率，包括遇到一次绿灯、两次绿灯、三次绿灯、四次绿灯四种情况，此时可以反向思考。遇到一次绿灯的总概率为1，减去一次绿灯也没有遇到的概率，即：

1-（1-30%）（1-30%）（1-30%）（1-30%）=76%。

第六章
逻辑支点：“小”撬动恰恰是大“革命”

理不清的千头万绪，解不开的错综复杂——缺乏撬动思维的“支点”，努力便会徒劳无功。空间逻辑、数理逻辑……以这些逻辑支点搭建全新的思维框架，能够帮助孩子发现思维上的“盲点”，找到新视角思考的“轴”，实现真正的思维升级。

01/ 空间逻辑，让孩子想得更"真"

很多逻辑性差的孩子，往往不是因为欠缺相应的能力，而是败给了自己的固化思维。普遍来说，我们每个人都习惯站在自己的角度考虑问题，并且无理由地相信自己的认知和判断，正可谓："不识庐山真面目，只缘身在此山中。"它就像一个牢笼，把我们的思维和想法囚禁在固定的区域内。

孩子们更是如此，由于知识面狭隘、见识少，往往习惯于用熟悉的思维模型去解决问题，容易被自己的"想当然"所左右，对区域外的东西视而不见，就像"坐井观天"的那只青蛙，除了井口大的天之外，再也无法看见其他东西。但很多问题可能涉及多个因素，往往是多个角度的综合体。

这是一道典型的图形推理题，移动一根火柴棒使下列算式成立。

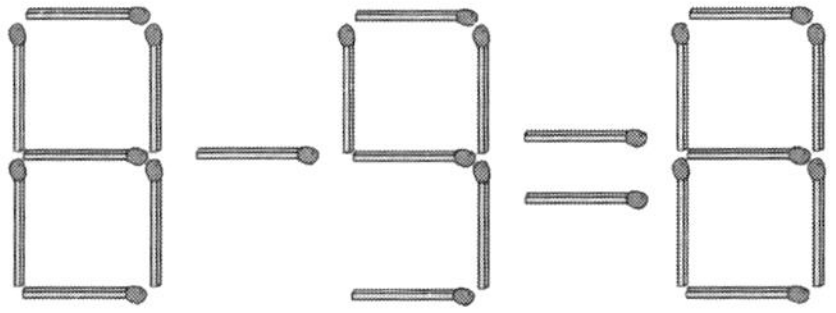

面对这种题目，有的孩子会被固定的思维困住，怎么都想不明白，因为“8－9”任何情况下都不能等于“8”，

为了打破这种固化思维的限制，就需要及时利用空间逻辑对头脑进行“升级”。空间逻辑也称“多元思维”“全方位思维”“整体思维”或“多维型思维”，指的是跳出点、线、面的限制，或从外到内，或从上到下，或从左到右，四面八方去思考问题的思维方式，也就是要“立起来思考”。

现在回到开始的题目，再好好观察一下。

你发现了吗？将“9”中间的火柴放到左下侧，变成“0”，即可得出“8－0=8”；

再例如，将第二个“8”中间的火柴放到“9”的左下侧，“9”变成“8”、第二个“8”变成“0”，即可得出“8－8=0”。

“手里拿着铁锤的人，看世界就像一颗钉子。”这句谚语批评的就是单一思维模式的低下效率。思维框架好比一把称手的锤子，敲钉子很好用，但是敲其他的东西就不一定了。比如，用锤子砸核桃时，需要用手扶着核桃，弄不好还会砸到手，在砸核桃这件事情上锤子还不如核桃夹子好用。

我们不能是只拿一个锤子，而要使用全套的工具。培养孩子的空间思维，正是帮助孩子跳出原有的思维框架，冷静地、深入地去思考的关键。

具备良好空间思维的孩子，往往会根据空间图形的形

状、大小、颜色等特征在大脑中进行重构，比如在他走进房间准备取出一件玩具之前，他的大脑里其实已经想象出那件玩具的具体方位；当他整理书包时，脑海里也已经想好什么东西该放在书包里的什么位置最节省空间、最方便取拿……

对于孩子而言，空间思维最显著的体现，在于数学上的应用，比如可以帮助孩子更好地理解几何图形，把抽象的数字逻辑和形象的表示图形进行对应。

例如，根据所给图形的规律，推断问号处应该填什么图形？

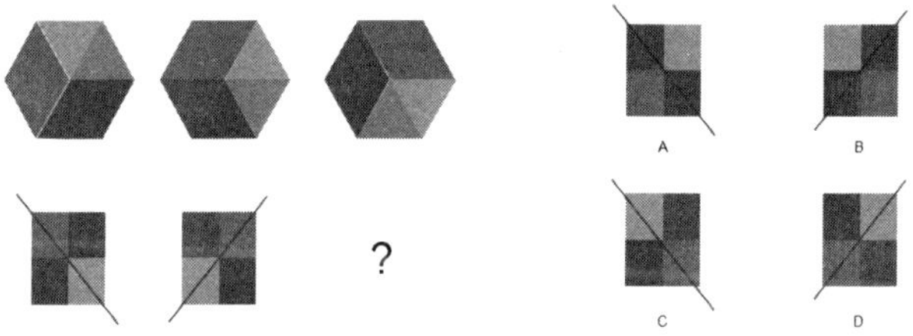

猛一看会没有什么头绪，但仔细观察，就可以发现第一行的图形顺时针进行了旋转，第一个图案顺时针旋转一步得出第二个图形，第二个图形顺时针旋转一步得到第三个图形。第二行的第一个图形顺时针旋转得到第二个图形，将第二个图形再顺时针旋转，即可得出第三个图形，正确答案为C。

空间逻辑重在空间组织的识别和搭建，具体来说，这需要孩子拥有清晰的空间感知，根据语言描述或通过想象画出图形等；能够根据物体特征抽象出几个图形，并且利用想象进行立体造型的搭建；对空间秩序和方位作出较为准确的界定，能够想象出空间物体的方位和相互之间的关系。

那么，如何培养孩子的空间思维？

（1）交谈时多使用空间词语

如果逻辑思维是一座“城堡”，词汇就是搭建城堡的“砖块”，尤其是空间语言。和孩子的日常沟通中，可以多使用“前后左右”“东南西北”等空间词语，如：“你的皮球在柜子的里面，在沙发的左边。”“我们东边有一条黑色小狗，西边则是灰色小狗。”同时鼓励孩子也如此命名空间关系。

（2）在游戏中穿插空间训练

“你知道从卧室怎么走，可以走到厨房吗？”“说一说，我们每天上下幼儿园的路是怎么走的？”……设置空间类的情境游戏，让孩子尝试进行“指路”。语言尽量描述得具体清楚，不要出现方向性的错误。在描述的过程中，孩子的大脑里也就慢慢建立起了距离、方位的认知和判断。

类似的空间场景，还有超市、商场、医院、机场……

（3）动手操作发展空间观念

鼓励孩子多多动手操作，比如用手折叠一个正方体、动手测量图形大小、制作一副七巧板并进行拼图、画出各种玩具的形状和方位等，这些“看得见摸得着”的方法有助于孩子获得直观体验，进而唤醒孩子大脑中的"抽象模块"，逐步让他们感知到思考方式的变化和原理，加深对数学的认识。

例如，学习"组合图形的面积"时，可以让孩子自己动手制作已学过的图形，长方形、正方形、三角形、平行四边形等，让孩子将两个和两个以上的图形拼成一个组合图形，然后说出这个图形像什么？……然后再运用学到的知识，把组合图形分割成已学过的图形，算出它们的总面积。

再如，学习"角的大小由两边张开的大小决定，与边的长短无关"这一概念时，想象理解起来比较抽象，如果借助画图，就能清晰明朗了。画出许多不同边长的角，通过量角器的测量，就能理解这个概念；又如测量，让孩子用直尺测量书本的长度、课桌的高度等，无形中能培养孩子的感悟力。

神奇小逻辑
玩出大智慧

在同一个教室里，小薇右边的座位是小美的，小美后边的座位是小峰的，小峰的左边是小欢的，那么小欢在小薇的哪一边呢？

A. 前面　B. 后面　C. 左边　D. 右边

正确答案：B。

设置意图——引导孩子动手练一练。

02/ 数理逻辑，让孩子想得更“深”

公式明明已经背得滚瓜烂熟，但是一做题还是一头雾水。

数学题目做了很多，习题练了一遍又一遍，考试成绩仍不理想。

数学一开始没觉得难，学着学着就不“感冒”了，而且越来越不喜欢。

……

相信很多家长都听过孩子抱怨数学难，相较于语文和英语等学科，数学是一门思维严密、逻辑性很强的学科，在计算和推理方面要求很高，而这又恰巧是很多孩子欠缺的方面。

数学是枯燥的、深奥的、抽象的，这是一个不争的事实。除了某些特别聪明，特别有天赋的孩子之外，一般孩子很容易在数学学习上受挫。不过，将数学成绩差完全归咎于难学，显然也是不合理的，毕竟小学数学主要是考验基础知识，相对来说很简单，而且也并非所有孩子都不擅长数学。

数学究竟难不难？从根本上讲，数学体系是由一个个知识点构成的，而这些知识点就是一个个“环”，互相串联在一起，构成了一个巨大的知识网络。要想让孩子学好数学，其实一点不难，关键是培养并提高孩子的数理逻辑——数理逻辑就是用数学方法研究逻辑，其主要形式是建模和证明。

数学是对现实世界的一种思考、描述、刻画、解释，其目的是发现现实世界中所蕴藏的一些数与形的规律。如果脱离了实际生活，数学的知识内容就会显得空洞乏味而难于理解。这时，就需要学会建模。借助简易、有趣又好玩的模型，活化数学概念和现象，让数学知识变得直观形象。

比如，学习倍数时可以借助“萝卜蹲”游戏。以“2”的倍数为例，一家人站成一排，从1开始按顺序数数，报数为2的倍数时蹲下，如反应迟钝或者蹲错了，则被淘汰。游戏可以不断加大难度，例如报数为2、3，2、5或3、5的倍数时蹲下，还可以2、3、5三个数的倍数同时进行。

如此，不仅可以让孩子理解倍数的概念，锻炼孩子的数学计算能力，还能培养起孩子的学习兴趣，轻轻松松进入有趣的数学世界。

除了建模，证明也是建立数理逻辑的有效方法。

在数学学习中，各种公式是必须掌握的知识，需要孩子们正确牢固地记忆下来。如果连最基本的公式都没有掌握牢，数学成绩又怎么会提升？但不少孩子习惯于死记硬背，结果平时明明会的题目考试时就是想不起来，或是题型略微变形就不会做，甚至把本该用A公式做的题用成B公式。

一位数学大师说："掌握数学，就是善于解题，但不完全在于解题的多少，还在于解题前的分析、探索和解题后的深思穷究。"

记忆需要建立在理解的基础上，理解得越深，越不容易遗忘，越擅长运用。数学思维严密、逻辑性强，就像光看没办法学会游泳一样，它需要你理解公式的来龙去脉，掌握公式的推导过程，思考背后的实质及含义。根据条件去操作、去重现，自己去完成整个的过程，体会其间的逻辑链条。

同一个知识点，换个题型会不会做？

这个知识点有哪些出题方式？

由因及果会做了，由果追因呢？

……

虽然听上去有些麻烦，但就数学而言，大部分题型及考察方式都是"换汤不换药"。用心总结归纳所有的公式，做到真正透彻的理解，就再也不愁记不住记不牢。一看到试题就能联想到相关公式，并能够找到它的一些其他形式，灵活应用到解题和答题的过程中去，高分基本就是手到擒来。

数理逻辑的培养，没有更好的办法，就是重复练习，多多练习。通过一段时间的努力，往往就能进入一个良性循环：做题快→用时少→解题更多→能力更强→做题更快。

神奇小逻辑 玩出大智慧

据知a、b、c、d四个数满足如下条件：$a+b>c+d$、$a+d>b+c$、$b+d>a+c$。请问，a、b、c、d四个数谁最小？

A. a

B. b

C. c

C. d

正确答案C。

答案解析：

$a+b>c+d$和$a+d>b+c$上下相加，得出$2a+b+d>2c+b+d$，故$a>c$；

$a+b>c+d$和$b+d>a+c$上下相加，得出$a+2b+d>a+2c+d$，故$b>c$；

$a+d>b+c$和$b+d>a+c$上下相加，得出$a+b+2d>a+b+2c$，故$d>c$。

03/ 形式逻辑，让孩子想得更“正”

通过前面的学习，我们已经对逻辑有了基础认识。但这远远不是逻辑的全部，在本节我将对“形式逻辑”做出详细解读。

“形式逻辑”又称“普通逻辑”，研究的是知性阶段的思维规律，即思维框架、结构特质等，其对象是事物的“质”，依靠概念、判断、推理与演绎等反映自身的等同性。

比如，一个学生加另一个学生等于两个学生。

在思维方式上，形式逻辑遵循的是线性逻辑，或者说直线逻辑，这是一个因果圆环。只要这个系统是这样构架和运作的，那么结果的出现就是大概率事件。

在这一方面最经典的结构模式，就是麦肯锡公司的“空雨伞法”。

空雨伞？听到这个方法时，你是不是会莫名其妙？

具体来说，“空→雨→伞”的步骤如下：

“空”，是看见天空乌云密布天空，它代表的是“如今处于怎样的状况”这一现象。

根据天空乌云情况估计将会下雨，“雨”是对“空”所做出的解释，代表的是"如今的状况表示怎样的含义"这一"事实"。也就是说，根据事实会得出何种结论。

"伞"是了解事实之后所应该采取的必要措施，也就是"解决办法"。它是因"雨"而做出的决策，也就是解决"雨"的方法。

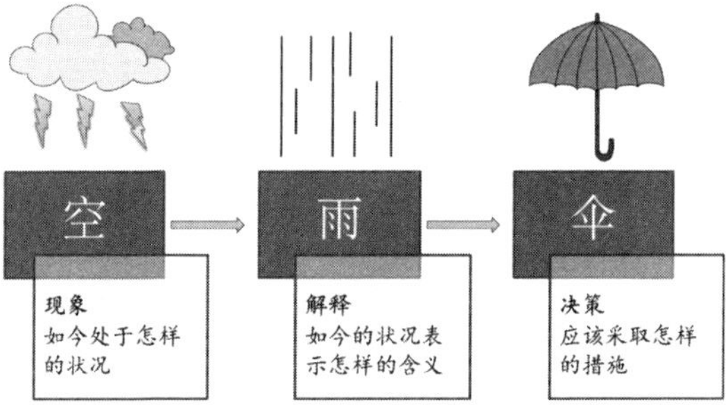

这个"空雨伞法"可谓"万能公式"，可以套用到生活的方方面面。比如，教育孩子这件事儿。孩子在不同时期会出现不同的问题，家长必须密切关注孩子的成长状况，时常观察和分析孩子的行为，发现不良苗头要及时提醒，给予批评，才能避免他们长大以后误入歧途，小时偷针长大偷金。

"形式逻辑"又可以为孩子带来什么？在我看来，就是将信息按现象、本质、方法进行关联，更好地帮助孩子理清因果关系和内在联系构建结构，避免陷入盲人摸象的误区。现在的情况会导致发生什么结果？为此我们需要怎么做？天有不测风云，未雨绸缪者功。有备而行，离功近也。

比如，按时完成课后作业是学生的任务，学生不按时完成课后作业就会挨批评。基于这样的判断，一个具备形式逻辑的孩子会进行这样一番逻辑思维：“如果我不按时完成课后作业，那么就会挨父母和家长的批评。”那么，为了避免挨批评，接下来孩子很可能就会主动完成课后作业。

这，就是形式逻辑的力量。

正所谓“条条大路通罗马”，事物的形状和表现往往各不相同，运用形式逻辑的时候，一定不能只局限于一个节点，而要融入系统的整体框架之内。越是宏观，越会全面。

神奇小逻辑 玩出大智慧

在(　　)里填上合适的“+、−、×、÷”，(　　)可使下列等式成立。

(9 ____ 9 ____ 9) ____ 9 ____ 9 = 17

A. +、×、−、÷

B. −、×、+、÷

C. ×、−、÷、+

D. ÷、+、−、×

正确答案：C。

04/钟摆逻辑，让孩子想得更"全"

明明刚刚做过的题目，下一道题换个形式，孩子就束手无策了。

孩子想问题总是不周到、不全面，答题不完整、半对半错。

……

警惕，孩子经常遭遇的这些烦恼，影响的是不仅仅是学习成绩，还可能会给他们的未来埋下隐患。因为，这些表现往往源自"钟摆逻辑"的缺位。

你观察过钟摆的运动吗？钟摆一会儿向右摆动，一会儿向左摆动，产生的动力推动着指针前进。但这种摆动不是随意的，而是围绕着一个中心轴，在一定范围内作有规律的摆动。

世上唯有"变化"才是永恒的，所有事物无时无刻不在发生变化，但是这种变化始终都会遵循一定的轨迹，无论如何变化都不会脱离本源，如同钟摆围绕中心轴作规律的运动。这就是"钟摆逻辑"的原理。

为什么东西扔上去总会落下来？而不向天上飞？

为什么水总是往较低的地方流？

为什么月亮会围着地球转圈?

……

这是孩子们经常问及的“十万个为什么”，如果家长也不熟悉“钟摆逻辑”，将被孩子一个个的问题问到心烦，甚至问到不知如何回答。

其实，以上各种现象看似毫无联系，但都指向了同一个概念——“地球引力”，这正是所有现象的本质所在。“地球是具有磁力的球体，地心会产生一种巨大的引力，把地球上的一切物质都牢牢地吸引住。”抓住“地球引力”这一本质进行解释，以上五花八门的现象就都有了合理解释。

问题到了这里，已经很明朗。尽管事物在形式上变化多端，但只要我们抓住其本质所在，然后再进行思考和研究，就可以应付千变万化的事态发展。所谓本质，词典上是这样定义的：“本质是事物本身所固有的、决定事物性质、面貌和发展的根本属性，是某类事物区别于其他事物的基本特质。”

而培养孩子的逻辑思维能力，本质上就是教会孩子透过现象掌握本质，理解万千事物之间的内在逻辑关系，并能举一反三地发现其他事物之间是否存在同样的关系。

在学习中，很多孩子热衷于“题海战”，能做一题是一题，能做多少做多少，希望借助题量的训练积累实现成绩的飞跃。然而，“题海战”往往是就题论题，做了一道题目只是做了一道题目，遇到新题目稍有不同和变化就"抓瞎"，出现答非所问、混淆概念、丢三落四等逻辑错误。

究其原因，在于孩子钻进"题海"，而没掌握好"本质"——教材。考试的内容漫无边际，出题的方式变化多端，但万变不离其宗，最终都逃不脱教材的影子。其中，教材中的例题和习题是做题的重中之重。一些无从下手的难题，仔细研究会发现，其实都是由教材中的例题和习题转化而成。

2017年，侄子中考时考了本校第一名。

"这三年，你肯定特别用功，特别辛苦吧？"有人问。

"我不算用功，也不算辛苦。"侄子笑着回答，并进一步解释道，"到了初三，班上的好多同学都会不停地刷题。说实话，我做的题算不上多，也没看过多少课外辅导书。但我做的题目都是经过精心挑选过的，质量有保证，我的目标就是尽量能把教材中的知识点学好学透，这样就已经很好了。"

"在做例题和习题的时候，我还会经常主动尝试改变题型，进行填空题、判断题、选择题、简答题、证明题等之间的交换考察；也会改变题目的结构，将题目的条件和结论互换，或者改变题目的条件，把结论进一步推广与延伸等。这样即便题目变了，但解答题目的本质方法没变……"

"不变"的是教材知识，"变"的是考题形式。精选典型例题解读，精选练习题训练，总结解题规律，把具有普遍意义的方法和相关知识掌握好，并理出各个知识点的联系和区别，往往就能涵盖一大片考查内容，在应对形式变化的过程中从容自如，这正符合了“钟摆逻辑”以不变应万变的原则。

试问，你家的孩子做到了吗？

现实是，本质往往是隐蔽的、内在的，大部分孩子一开始并不具备这样的能力，甚至通常也意识不到自己其实没有掌握本质。这就需要家长的及时引导和帮助，教会孩子认真观察和分析，不能本能地被驱动着解决眼前的问题，而要不断挖掘问题背后的本质，并且触类旁通，举一反三。

“钟摆逻辑”既是思考的过程，也是思考的结果。往往是，问题迎刃而解。

神奇小逻辑 玩出大智慧

根据644÷28=23写出下面各题的商。

6440÷280= ____

64.4÷2.8= ____

644÷2800= ____

0.644÷28= ____

答案及解析：

这些题型都是公式"644÷28=23"的变形。

第一题等于23，根据商不变的性质，被除数和除数同时乘10，商不变。

第二题等于23，根据商不变的性质，被除数和除数同时除以10，商不变。

第三题当除数不变时，商会随被除数的变化而变化，题目中被除数除以100，商也要除以100，得出0.23。

第四题当被除数不变时，商会随除数的变化而变化，题目中除数除以1000，商也要除以1000，得出0.023。

05/ 三角逻辑，让孩子想得更"稳"

熟知数理知识的人都知道，三角形是最稳固的框架结构。

为什么三角形最稳定？因为三角形的三条边中的任意一条都与其他两条有且只有一个交点，无论在哪一条边上用力，总有一条边起"推"，另一条边起"拉"的作用，因此三角形的支撑结构被广泛运用于建筑中。

在逻辑上也是如此，三个“角”往往就能构成一个准确严密的逻辑结构，这就是“三角逻辑”的妙处。

所谓“三角逻辑”，就是利用三个要素组成的逻辑框架模型，比如数据、论据、结论。三角形的顶点是结论，三角形底部的左右两个点就是数据、论据。数据和论据相互佐证，相互证明，进而可以推导出某些特定的事实或原则。这样的推导过程思路清晰、呈现清晰、可操作化明显。

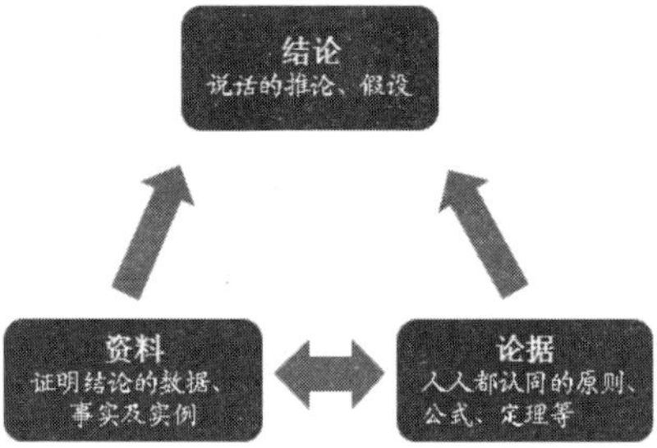

“三角逻辑”

为了方便大家的理解，我列举一个自身案例：

从小到大，我都不喜欢喝酒，无论是红酒、啤酒、白酒还是葡萄酒，我任何一样都不喜欢喝，还讨厌所有酒类的口感，所以平时我是不喝酒的。但难免遇到有人劝酒的时候，怎么办？“我不喜欢喝酒”明显这样的说辞没有说服力，而且寄希望于“他们”是不明智的，因为劝酒的就是“他们”。

那么怎么回答呢？我会采用三角逻辑法：

数据："不好意思，我长这么大一共喝过三次酒，但三次都发生了酒精过敏，浑身有三四十处瘙痒，往往需要卧床一天，还要输液……"

论据："有些人之所以喝酒会过敏，是体内缺乏一种分解乙醇的酶。医生的建议是，无论如何要忌口。"

结论："今天如果喝了这杯酒，我随时可能要住院。所以，以茶代酒，天长地久。"

这样做的结果是，皆大欢喜。

由此不难看出，"三角逻辑"抓住三点成面的机理，构建了一个稳定的逻辑结构。这是一种高效的逻辑思维框架，其特点就是"短""平""快"。

那么，我们如何教会孩子掌握这一"神器"呢？

首先需要明确的一点是，既然"三角逻辑"中三个"点"是为了演绎一个共同目标，那么它们之间必然存在一定的逻辑关系，而且这种逻辑关系不是偶然的，而是互"推"互"拉"形成的一种现象。

基于此，除了数据、论据、结论之外，"三"还可以用作其他的要素，比如多听、多写、多练，人物、情节、环境，原因、过程、结果等，前提是三个方面必须有代表性和概括性，且具有内在的逻辑关系。

再具体一点说，运用"三角逻辑"时，我们需要提取出这一问题的关键词，然后将关键词进行逻辑关联，最后将具有逻辑层次感的内容提炼出来。

儿子第一次参加演讲比赛时，内心十分忐忑，这使他出现了焦虑烦躁、寝食难安等症状。

“我想好好表现一下。”儿子苦恼地说，“可我不知道该如何做？”

接下来，我提示了儿子三个要点——观点、重点、亮点。

观点，是演讲的主题。想要演讲让听众着迷，必须选对演讲主题。

重点，是把演讲最重要核心的内心呈现出来，鲜明、完整地发表自己的见解和主张，在这一方面可以通过语言描述进行细化和强化。

亮点，是最具吸引力的部分。比如，把自己最想说的话、感受最深的故事作为演讲材料，往往自然又生动。将幽默作为语言的“润滑剂”，快速活跃现场气氛。

基于这三个要素，儿子进行了精心准备。

整个演讲进行得十分顺利，儿子适当举例且例子贴合实际，逻辑清晰明了，语言生动有趣，道理深刻而简明，最终获得评委的一致好评。

这再一次印证了，“三角逻辑”行之有效。

小莉从家到学校要经过一座小桥，从家到小桥有两条路，从小桥到学校有三条路，小莉从家到学校一共有多少条路？

正确答案：六条路。

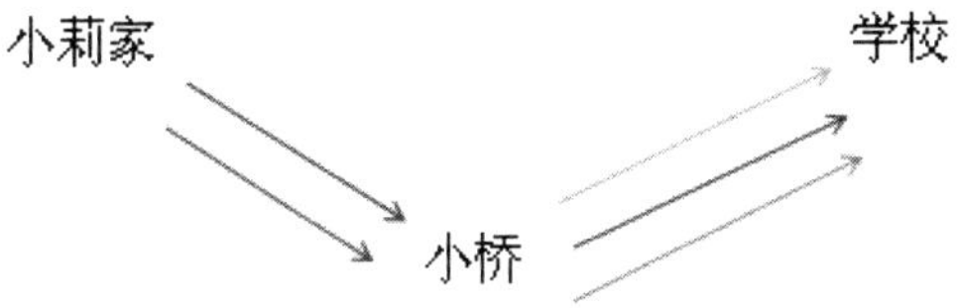

06/ 联想逻辑，让孩子想得更"远"

《海底两万里》描写了一个奇幻迭出、异彩纷呈的海底世界，作者凡尔纳用非凡的想象力展现了海底森林、海底墓地、珊瑚谷、巨型章鱼……凡尔纳先生也是一位博学多闻的科学家，书中描述的潜水艇、探照灯等很多科学仪器，在当时并不存在，全是凡尔纳先生超凡想象力所展现的杰作。

是的，想象力是人类一切思考和创新的源泉。

学习是一个与知识沟通、对话、交流的过程，也是孩子充分发挥想象力的过程。就拿阅读图画书来说，如果一个孩子平时就有想象的习惯，那么，他会通过丰富的想象力，在心里把书中的画转化为生动的故事场景，进而体验故事中人物的心理，获得丰富愉快的人生感悟和美的感受。

爱因斯坦曾说：“想象力比知识更重要，因为知识是有限的，而想象力概括着世界的一切，推动着进步，并且是知识进化的源泉。”古今中外的事例也证实，拥有想象力的孩子大都有强烈的责任感和好奇心，有学习研究的热情，也表现出勤奋、乐观的学习态度，还有顽强的意志力、较强的独立性。

想象力从哪里来？

培养想象力的关键思维，叫联想逻辑，这是由一个已知的事物联系到其他事物的思维活动，可以让孩子想得更“远”，如同插上了一对可以飞翔的翅膀。

具体来说，联想逻辑可以分为以下几类

接近联想——通过事物之间的接近关系进行联想。当孩子看到“苹果”这个名词时，脑中会想到苹果的形状、颜色、味道等。

相似联想——根据事物之间的性质、规律等建立起来的记忆方法，例如把字形、字音相近的字“杨”“扬”“肠”“场”“畅”“汤”编入一个学习小组。

对比联想——通过对比找出事物之间的差异和特性进行联想。事物之间的差异越大，对比效果就越大，越容易引起联想。

例如，语文教学中将"前进"与"后退"，"虚心"与"骄傲"，"熟悉"与"生疏"等反义词放在一起学习，两组字词对比后，意义十分突出，能使人快速记住并了解，关键还能扩大阅读量，多多积累词汇。

再如，算术教学中加和减，乘与除的对比，化学元素性质的对比，都是对比联想的运用。

从属联想——利用事物之间的因果、从属、并列等关系进行联想。

这天，我在英语词典中找出12个英语单词：beautiful、ugly 、conserve、get、gain、deserve、black、observe、obtain、acquire、preserve、white，我把这些单词写在纸上，并让女儿在5分钟内把这些单词记下来。看到这些单词后，女儿一口否决："这么长，怎么可能5分钟内记住。"

我没有说话，盯着纸看了2分钟，然后在旁边一个字母不落地拼写出这12个单词。

"怎么可能？你肯定提前做功课了？"女儿质疑。

我当然没有"作弊"，只是采用了技巧——联想逻辑。

接下来，我讲述了自己的记忆方法："这12个英语单词虽然长，但是它们是有规律性的。比如conserve、deserve、observe、preserve，这4个英语单词有个相同的词根serve，只要记住它们的前缀，那这几个单词就很容易记下了，然后再利用相似联想的方法，找出它们内在的联系，就很容易区分中文词义了。我们再看get、obtain、acquire、gain这4个单词，它们都有‘得到’的意思，利用接近联想就能举一反三，提高记忆效率。至于black和white，beautiful和ugly，它们是两组反义词，我们可以利用对比联想，通过词义对比，单词自然而然就记住了。”

很简单，对不对？不仅层次清晰，而且记忆深刻，这正是联想逻辑的妙用。

我曾听过一则小故事：一个盲人从来没有见过太阳，听人说“太阳像铜盘一样，圆圆的”，他找到一个铜盘，用手敲了敲，铜盘发出“嗡嗡”的声音，盲人兴奋地说：“我听到太阳了！”别人告诉他：“那不是太阳，太阳会发光，像蜡烛一样。”盲人找到一根蜡烛，在手里仔细揣摩，“我摸到太阳了”……

我之所以提及这则故事，是想告诉大家，任何联想都是建立在已知表象信息之上的，是从视觉、听觉这些基本的感官信息开始的。离开了这些基本的感官信息的刺激，所谓“联想逻辑”就无从谈起。已知表象数量的多少，直接影响联想能力的水平。对于年幼的孩子而言，更是如此。

如果已知表象是片面的，乃至错误的，孩子的联想逻辑就容易出现偏差。所以，丰富和发展孩子的联想，要从丰富孩子的生活开始。多带孩子参观一些自然风光、艺术展览、名胜古迹等，这适合孩子具体形象的思维特点，也有助于增加孩子的表象储备，更容易在不同实物、概念之间"搭桥"。

游戏是孩子的天性，玩具和游戏材料是引发孩子联想的有效工具之一。家长要多为孩子提供各种不同游戏材料和玩具，孩子在玩搭积木、拼积塑等构建游戏时，不妨鼓励他们自由地发挥想象，组建自己喜爱的手枪、汽车、飞机、城堡等物体，这种自由性会让孩子的联想力得到充分锻炼。

涂鸦，也是培养联想逻辑的有效方法。在成人看来奇形怪状的线条，在孩子眼里可能会变成正在吃饭的笨笨狗、被打掉耳朵的"一只耳"……在这些奇形怪状的线条后面是一幅幅有声有色的画面，一个个有趣的故事，这些多彩画面是在孩子的想象中构成的，也正是联想逻辑的搭建过程。

当然，培养联想逻辑不限于以上几种方法，大家尽可以展开自己的想象，只要有助于丰富孩子的生活，有助于让孩子展开联想就可以。

神奇小逻辑 玩出大智慧

小花猫不小心将一张照片打碎了，请你帮它拼一拼，用线将破碎的照片连起来吧。

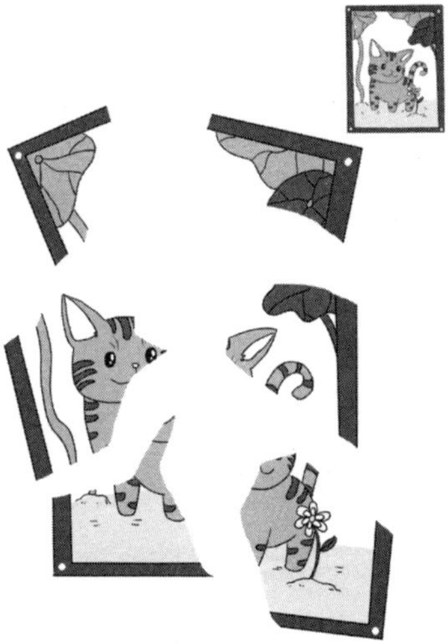

第七章
隐性逻辑的“套路”与“反套路”

隐性逻辑是“非常识”的思维模型，或者是那些不那么明显的逻辑。了解和熟悉这种思维“陷阱”，有助于提升孩子思考问题的深度和广度，在关键时刻正确思考，防止被“套路”，又能快速切换思考方式，以此为突破口，借力打力，实现“反套路”。

01/ 孩子，这就叫“以偏概全”

现在要投票选举一名领袖，下面是三位候选人的情况：

候选人A：跟一些不诚实的政客有往来，而且会咨询占星学家，他有婚外情，是一个老烟枪，每天喝8—10杯的马丁尼。

候选人B：他过去有两次被解雇的记录，睡觉睡到中午才起来，大学时吸过鸦片，而且每天傍晚会喝一大夸脱威士忌。

候选人C：他机智勇敢，英俊潇洒，慷慨大方，热心公益。他爱笑，不抽烟，在他周围，总是活跃着一群朋友。

请问，这三个候选人你会选择谁？相信大多数人会选C，理由很简单，候选人A跟不诚实的政客往来、有婚外情，又是烟鬼、酒鬼，这表明他的私生活混乱；候选人B两次被解雇，爱睡懒觉，很有可能说明他能力不足，工作态度不端正；而候选人C身上所具备的那些品质，无疑是优秀的。

但当你知道，候选人A、B、C其实分别是美国总统富兰克林·罗斯福、英国首相温斯顿·丘吉尔和意大利最著名的强盗罗宾汉时，你是不是张大了嘴巴？反思自己的选择？

“一叶障目，不见泰山”，是我们所熟知的一句俗语，意思是一片树叶遮住眼睛，就无法看到眼前高大的泰山。比喻为局部或暂时的现象所迷惑，看不到全局或整体。从一个“点”就得出一个“面”的结论，这在逻辑上就叫“以偏概全”。

“以偏概全”比无知还要可怕，为何如此说呢？这是因为，以偏概全是对问题的一知半解，对事物的不全面看待，最容易引发道听途说、以讹传讹，最后把事实扭曲，本意变质。孩子们更是如此，毕竟他们的认识能力有限，知识水平也有限，很难保证对事物的看法符合实际情况。

例如，因为别人做的一件错事，就断定这个人人品有问题；被一个人否定，就认为所有人都是这样看待自己的；经历了一次失败，就当作是整个人生的失败；看到少数医生拿红包，就痛斥医生如何大笔收取“手术费”；看到社会出现一些不公现象和害群之马，就愤慨人心不古，社会坏透了……

这样对吗？显然是错误的。

人是有感情的动物，很容易做出主观和倾向性的判断，无论是喜好或者厌恶，都更容易产生“以偏概全”的逻辑错误。如何避免这种错误呢？关键在于我们的态度，当面对不同的观点或不了解的事物时，能不能以一种客观求实的态度去面对，让自己变成一个冷静的、理智的思考者。

具体来说，我们需要教会孩子从点、线、面、体去综合认知。

点、线、面、体，每个概念背后的逻辑是不一样的。

点：几何学上表示地点和位置，如两直线的相交处、线段的两端。

线：一个点任意移动所构成的图形。

面：事物的外部表现和具体形象。

体：事物的本身或全部，包括一般规定、规律、性能和本质。

点、线、面、体的本质是一种思维解构方法，警示我们不盲目轻信和崇拜，要看清事物的全貌，必须经过科学的调查和验证，以理智客观的态度予以看待。这就需要增加孩子的认知资源，阅读优秀的书籍，学习优秀的思想，当孩子能沿着不同方向、不同角度思考问题时，必将更趋于科学性。

正如《普通逻辑》中所说：“只有分析地阅读，才能学得深透，不致囫囵吞枣，一知半解；只有综合地阅读，才能学得完整系统，不致断章取义，以偏概全。”

为人父母，不少人喜欢把自认为好的经验告诉孩子，为了让孩子少走弯路，甚至提供全方位的替代和保护，可是经验再好往往也只是适用你自身。每个孩子都是与众不同的，比如外表、喜好、习惯、个性、经历等都各有不同。每个人的人生都得经过自己尝试，才能真正体会个中况味。

放手让孩子去尝试，去体验，去锻炼，孩子才有机会从点、线、面、体观察和认识事物，在认知力、思考力、创造力等方面获得有效提升。

神奇小逻辑 玩出大智慧

亚里士多德“教育遵循自然”的观点，提倡教育要遵循孩子身心发展的顺序性，切忌（　　）苗助长式的超前教育。

A. 偃

B. 堰

C. 揠

D. 惬

正确答案：C。

02/ “偷换概念”是最常见的逻辑错误

在逻辑学上，“偷换概念”是最常见的一种错误。

什么叫“偷换概念”？要搞清楚这个问题，首先要了解

“概念”一词。所谓“概念”是我们对外界事物感知后所抽象而来的，它有两个基本特征——内涵和外延。其中，内涵是一个事物在某个观察角度所表达出来相对的本质含义，外延就是以内涵为参考系所能覆盖到的具体事物的表现。

比如，“食物”这个概念，内涵是“能够满足机体正常生理和生化能量需求，并能延续正常寿命的物质”，外延则包括红薯、芹菜、茄子、胡萝卜、卷心菜等蔬菜；木瓜、草莓、橘子、芒果、西瓜等水果；猪、牛、羊、鸡、鸭、鹅等肉类，还包括食物的“五味”，即酸、苦、甘、辛、咸。

逻辑和概念是不同的，因为逻辑具有既定的规律，而概念则有很大的延展性。由于同一事物在不同的观察角度下所具有的内涵和外延是不同的，在同一思维过程中，概念可能发生“悄咪咪”的改变，使之变为另一个概念，或是将相同的概念混为不同，尤其是抽象的概念，进而导致逻辑错误。

“活动期间，本店所有商品买一送一。”这是许多商超常用的营销手段。在这里，未明确指明“一”这个概念的外延，在普通人的理解里，“买一送一”就是以一件商品的价格带走两件，但事实上这很可能是店家偷换了概念。比如鞋子，“买一送一”可能是买一双鞋送一双袜子或者鞋垫。

在这里，“送一”的“一”就是偷换概念。

还有一个经典案例，十分值得一提。

西方记者问:“在你们中国，明明是人走的路为什么叫马路？”

周恩来总理回答:“我们走的是马克思主义道路，简称马路。”

在这段对话中，虽然周恩来总理和西方记者说的都是“马路”，但记者问的是“人行走的马路”，而周总理回答的是中国走的社会主义道路，两个“马路”内涵已经不同了。

成人尚且会被“偷换概念”所误导，孩子们更是一不留心就会“中招”。

女儿和同学小旼一起玩耍，两个孩子年龄相当，女儿不经意发现自己个子比小旼高，于是兴冲冲地说道：“我比你长得更高。”

小旼不以为然地撇撇嘴：“你再高能长到3米吗？”

“这……”女儿顿时无言以对。

在考试题目中，也经常出现“偷换概念”的情况。

例如，善于发现问题往往比解决问题更重要，因为只有学会发现问题才能有效解决问题，而且发现新问题需要独立的思考，这是解决问题的关键和突破口。

据此可知：

A 善于发现问题的人更善于解决问题

B 发现问题比解决问题更难

正确答案选A，因为B项中“难”偷换了题干中的

“重要”。

偷换概念的情况非常常见，形式也是多种多样，以上例子只是其中一部分，但不论生活中还是考试中，偷换概念实际上就是对概念的修饰语、适用范围、所指对象等的改变。只要教会孩子正确地解释概念，明确其内涵与外延，从多个角度进行分析，就足以避免各种形式的诡辩“陷阱”。

当然，如果孩子能合理地“偷换概念”，有意利用含混笼统的语词或概念来解释一些现象，也未尝不是一种聪慧和幽默的表现。

如果一个孩子告诉你，他可以用蓝色签字笔写出红字，你会信吗？

不信？蓝色签字笔怎么可能写出红色的字呢？

当孩子提笔写下一个“红”字时，你是不是会粲然一笑？

孩子所说的“红字”指的是“红”这个字，这就是巧妙偷换了概念。

神奇小逻辑 玩出大智慧

在某一家饭店，同学小明、小广和小坤每人点了一份10元的盖饭，并各自付给服务员10元，共计30元。善良的老板想给孩子们打个折，只收取了25元，于是叫服务员退回5元。谁知贪心的服务员偷拿了2元，只退回每个孩子1元，这样一来便等于三个孩子各花了9元，共计27元，再加上服务员偷拿的2元，共计29元。可三个孩子明明共付了30元，那1元去哪儿了？

这是偷换概念引发的计算错误。

答案解析："三个孩子各花了9元，共计27元，再加上服务员偷拿的2元，共计29元。"这句话是偷换概念引发的错误，服务员偷拿的2元是被包含在三个孩子一共花了27元里面的钱，应该是三个孩子一共花了27元，再加上退回来的3元（也就是没花的3元），总共是30元。

03/“稻草人谬误”，不要树个靶子自己打

你听说过“稻草人谬误”吗？这是生活中常见的逻辑谬误。

这一理论听着云里雾里，却源自生活的现实。为了以防鸟类啄食粮食一类的庄稼，农民们会在田边树立一个人偶吓

唬，因为是用稻草做的故叫其“稻草人”。稻草人不是真正的人，却可以把鸟类吓跑，但其本质上和真人有着很大的差别，没有生命、没有力量，这也就意味着打败它很容易。

在逻辑上，当我们对他人的论点进行曲解，比如夸张、歪曲对方的观点和原意，甚至凭空捏造别人的观点，顺着再予反驳，就是一种“稻草人谬误”。这种方法，说白了就是以对己方更有利或对对方更不利的主张，替换掉对方原本的主张，然后再围绕这个新主张构建整个论证过程。

具体来说，“稻草人谬误”的结构如下：

甲提出观点 A

↓

乙将观点A曲解成更易攻击和推翻的观点B

↓

乙对着B观点大加评论

↓

乙做出结论——观点A错误，推翻甲的言论。

生活中“稻草人谬误”无处不在，孩子们更是经常遭遇其“折磨”。

举个例子：

孩子：“妈妈，我想要一双滑冰鞋。”

妈妈：“这个危险，昨天隔壁姐姐穿着在楼下玩，一不小心摔倒流血了，看着都疼。”

玩滑冰鞋时摔倒是常有的事，当孩子说想要一双滑冰鞋时，无非是看到别人有自己也想要，或者想体验下滑冰的感觉。孩子想体验受伤？这是不可能的。然而，家长将受伤景象跟滑冰鞋这件事联系起来，指出滑冰危险，孩子的理论就被轻易打倒了，而且一时也难以看出问题，只能黯然放弃。

自己树一个“靶子”，再将它打倒，这是一种逻辑上的颠倒，类型包括强拉因果、曲解文意、无中生有、混淆范围等。

这一谬误可巧妙对孩子进行劝导和说服，但运用不宜过多过频。否则，孩子会在内心排斥家长的误解，久而久之造成亲子之间的隔阂。

当然，有些孩子也会用同样的办法“反击”家长。

家长：“下星期就开学了，你的寒假作业写完了吗？”

孩子：“你们每天就知道上班，一天到晚看不着人，我的同学假期都出去旅游了，就我整天闷在家里，真无聊！”

在这个对话中，孩子写寒假作业与家长上班有直接关系吗？基本无关——当然，我们可以争辩说在特定语境下这里可以有因果，不过我们这里不考虑那些较为特殊的语境。将“写寒假作业”与“家长上班”联系到一起，就是孩子运用“稻草人谬误”对家长的论点进行了断章取义的曲解。

通过“稻草人谬误”你能得到什么启示呢？或者更准确

地说，当有人刻意使用“稻草人谬误”时，我们该教孩子如何维护自己呢？

其实，结合“稻草人谬误”的结构，不难得出，之所以把观点 A变成观点B，是因为观点 A这个原始命题不容易被攻击。

因此，面对他人刻意而为的“稻草人谬误”，我们要教会孩子有意识地进行分辨，找到论题的原始概念，并紧扣论证中给定的论点展开讨论。只要紧紧抓住原始概念，不断对原始概念进行清晰的定义，并一针见血地指出原始概念与“稻草人”的区别，就能让对方的逻辑链自动断裂。

神奇小逻辑 玩出大智慧

小亮比小峰大，小莉比小美大。下列陈述中哪一句是正确的？

A. 小亮比小莉大

B. 小莉比小峰小

C. 小亮与小美一样大

D. 无法确定小亮与小莉谁大

正确答案：D。

答案解析：未交代小亮和小莉谁大谁小，4个孩子的大小无从判定。

04/“感觉谬误”，选择相信感觉，还是真理？

“我们对他人做过最糟糕的事，
就是在我们没有能力的情况下，
去预测他人的内心想法和目的。”
——菲利普·罗普·罗斯

你认同这句话吗？我个人深表赞同。

“我觉得……”这是当下不少父母的口头禅。殊不知，这三个字一说出往往就是一枚“不定时炸弹”。因为在我们说出“我觉得…”时，可能仅仅是通过几条信息线索而得出的主观猜测、推断或者假定。而我们往往过高地评估孩子对于自己见解的认同程度，倾向于认为彼此的看法一致。

但每个孩子都有自身的独特性，对孩子进行认知和判断时，一旦我们戴上名为“期待”的有色眼镜，误读就会不可避免地发生。

9岁的昕昕乖巧又懂事，但是性格有些内向，平时心里有不快乐的事情，也不主动向爸爸妈妈诉说。也因为如此，她多次被爸爸妈妈误解。

上周爸爸去外地出差，妈妈忽然生病了。吃过晚饭后，妈妈连碗都没洗就躺下休息了。休息前她叮嘱昕昕，写完作业后喊醒她，她要检查，而昕昕也懂事地说好。写作业时，昕昕听到妈妈咳嗽得厉害，便想下楼买些药。她原想和妈妈打声招呼再下楼，但看到妈妈已经睡着，便悄悄出去了。

昕昕刚一出门，妈妈醒了。妈妈喊叫昕昕的名字，等不到回应后，她下床查看，发现昕昕居然不在家。妈妈着急地披上衣服出了门，一会在楼道碰到了昕昕。

楼道里很暗，妈妈没发现昕昕手里拎着东西，直接一顿训斥：“不是让你在家写作业吗？你怎么跑出去了？也不跟妈妈打招呼！你怎么这么不听话……”

昕昕大声说了句“我讨厌你”，哭着跑回了家。回到家后，她将咳嗽药扔到了医药箱里，关上了自己的房门。

“你错了还不认错？小小年纪这么大脾气！真是的。”妈妈抱怨着……准备喝药时，妈妈才发现新的咳嗽药，她才恍然大悟，原来昕昕刚才是去给自己买药了。顿时，她心里既感动，又懊恼，她感动的是孩子对自己的关心，懊恼的是自己不分青红皂白地训斥孩子，误解了孩子的好意。

在我们成年人看来，或许昕昕错了，因为她不打招呼就出门，令妈妈担心了。但如果站在昕昕的角度，她出门是为了给妈妈买药，出门时没跟妈妈打打招呼是因为妈妈那时候睡着了，她不想打扰她。如此，她不仅没有做错，反而她的行为还很贴心。但因为妈妈的主观臆断，她被误解了。

作为成年人，我们有属于自己的一套是非观，一旦孩子的行为颠覆了我们的观念，我们就会想当然地认为是孩子错了，甚至不给孩子解释、申诉的机会。在成长的过程中，这种误解会对孩子的身心成长造成极大的影响，可能会使孩子性格暴躁，可能会使孩子内向孤僻，变得叛逆、偏激。

回忆一下，当你因某件事而和孩子交流时，明明前一秒他还笑容满面，然而交流过后，他的脸上却写满了沮丧；孩子在做一件事时，如果你认为他错了，并且不给予他辩解的机会，他会表现得沉默或愤怒；当孩子鼓起勇气对我们说他的想法时，你的频频皱眉，又会让他的脸上溢满失望……

孩子的种种不快乐，归根究底是家长的误解。

那么，究竟是什么导致了这种误解呢？从根本上说，这是一种“感觉谬误”，所谓“感觉谬误”就是过于相信感觉，却忽略了事实，并错认谬误为真理。“感觉谬误”遵循的这样一条认知途径——“假象→错觉→谬误”。

认知是事物通过现象刺激我们的感觉器官，由现象进入本质的一种反映过程。而事物的现象极为复杂，有真相，也有假象，真真假假、鱼龙混杂，稍有不慎，我们就容易被假象蒙蔽，产生错觉，造成谬误。在尝试解读孩子的时候，父母的主观臆断往往因为掺杂假象，导致了解读偏差。

在教育孩子这件事上，你选择相信感觉，还是真理？

感觉是认知过程的初级阶段，包括等知觉、记忆、思维等。感觉的产生源自外部客观的事物，但其形式和表现往往是主观的，而且容易出错。比如，许多孩子把夜里的阴影看成面目狰狞的怪兽，把挂在衣架上的大衣看成躲在门后的人，通过主观错误地感知了与原事物完全不同的形象。

真理则是对客观事物的本质及规律的反映，尽管它往往通过感觉、知觉、判断、推理等主观形式实现，却是最符合实际永恒不变的正确道理。

哪种方式更科学，一目了然。

每位父母都必须明白，孩子从出生的那刻起，就已经是独立的个体了，他需要被尊重，值得被尊重。当孩子有了自己的想法和想做的事情时，父母不应将自己的主观意识强加在孩子的身上，而要真诚地接纳和尊重孩子，站在孩子的角度上去思考，如此才能了解孩子心灵深处的“自我”。

神奇小逻辑
玩出大智慧

有一面7米高的城墙，一只蜗牛从墙根往上爬，白天爬3米，晚上往下坠2米，问蜗牛几天能爬到城墙上面？

正确答案：5天，不是7天。

答案解析：

第一天向上爬3米，往下坠2米，列式为3-2=1，上升1米；

第二天向上爬3米，往下坠2米，列式为3-2+3-2=2，上升2米；

第三天向上爬3米，往下坠2米，列式为3-2+3-2+3-2=3，上升3米；

第四天向上爬3米，往下坠2米，列式为3-2+3-2+3-2+3-2=4，上升4米；

第五天向上爬3米，4+3=7米，已经爬到城墙上面。

05/ 矛盾律：最锋利的矛和最坚固的盾

“自相矛盾”是我们耳熟能详的成语，源自战国时期的一则小故事。

有个小贩售卖矛和盾，他一边吹嘘：“我卖的矛最锋利，能刺穿任何坚硬的东西。”一边又吹嘘：“我卖的盾最坚固，能够抵挡任何锋利的东西。”

“用你卖的矛去刺你的盾，结果会怎样？”有人问。

顿时，小贩无言以对。

小贩为何无言以对？因为他违背了逻辑学中的矛盾律。

什么是矛盾律？从本质上说，矛盾律是一种概念上的逻辑错误，即在同一思维过程中，具有矛盾关系或意义相反的概念或判断不能同时都是真的，一个为真，另一个必为假。具体的表述为，A必不非A（A一定不是非A），或者A不能既是B又不是B，否则就会出现逻辑上的错误。

例如，“三好学生”和“非三好学生”指称的对象肯定不同。

矛盾律的另一种表现是判断矛盾，即对同一对象不能同时作出两个矛盾的判断，即不能既肯定它，又否定它。

甲：“小杜是女生。”

乙：“小杜是男生。”

丙：“你们说得都对。”

“小杜是女生”和“小杜是男生”是相互矛盾的两个命题，不能同时都是真的。如果“小杜是女生”为真，那么“小杜是男生”必然为假，反之亦然。人的性别是固定的，不是男，就是女，小杜不可能既是女生，又是男生，显然“你们说得都对”出现了判断上的错误，违反了矛盾律。

留心观察的父母会发现，不少孩子会在表达上出现违反矛盾律的情况，比如“又圆又尖的脑袋”“五颜六色的红领巾”“今天天气晴朗，万里乌云”……这些都源自孩子对所要论证的问题缺乏深入细致的研究，在思维的过程中没有清晰地认知事物概念，也没有保持前后的一致性和连贯性。

在这里，学习矛盾律并不是为了寻找或制造矛盾，而是确保孩子在逻辑思维过程中不会产生矛盾，出现思维上的前后不一。而且，根据矛盾律的要求，思维中不能存在逻辑矛盾，把握矛盾律有助于孩子从逻辑上揭露错误和诡辩。

一位青年想到大发明家爱迪生的实验室里工作，在爱迪生面前，他滔滔不绝地讲解着自己想发明的万能溶液：“您知道吗？这种溶液可以溶解一切物品。”表情颇为得意。

“真的吗？”爱迪生反问道，接着向青年提了一个问题，青年顿时哑口无言。

你知道爱迪生提的是什么问题吗？

——“那你用什么器皿盛放这种液体呢？”爱迪生问。

爱迪生的提问指出了青年说法中的逻辑错误，既然这种“万能溶液”能够溶解所有物品，那么就没有哪种器皿可以盛放这种液体，这是不符合常识的。如果盛放“万能溶液”的器皿不被这种溶液溶解，那这种溶液就并非“万能”的。

结合以上内容，矛盾律要求孩子清晰地认知事物概念，牢记命题之间的关系，在思维过程中保持前后的一致性，两个互相矛盾或相反的概念或判断不能同时肯定又否定。当有人在逻辑思维过程中有意或无意制造了“矛盾”，那么抓住矛盾律进行“反击”，往往一击即中，这也是解题的思路。

神奇小逻辑 玩出大智慧

小欢、小璐和小珂是同班同学，这天他们三人同时做一道数学题，做完以后三人对了题，分别说了如下一句话。

小欢：“我做错了。”

小璐：“不，我认为你对了。”

小珂：“我才是对的。”

争执不下，三人只好请教数学老师。数学老师看了他们的答案，并听了他们的看法，说：“你们有一人的答案正确，有一人的看法错误。”

根据逻辑规律，你可以推断出，谁的答案正确？谁的看法错误吗?

正确答案：小欢和小珂的答案正确，小璐的看法错误。

答案解析：通过小欢、小璐和小珂的对话，可以发现小欢和小璐的看法是互相矛盾的。根据矛盾律可知，二人的看法不能同真，必有一假，而数学老师说只有一个人的看法错误。那么，小珂说的一定是对的，小珂说自己做对了，正好说明他的答案正确。而小璐说小欢对了，正是错误的看法。

06/ 要么相信排中律，要么不相信排中律

了解矛盾律之后，我们还有必要学习下排中律，因为两者十分相似。所谓排中律，指的是在同一思维过程中，具

有矛盾关系或意义相反的概念或判断不能同时为假，必有一真。

当概念为同一对象的情况下，“A与非A”非此即彼，必有一真，没有第三种情况。通俗点来讲就是，一件事物要么是“树”，要么不是“树”，没有第三种情况，不能既“不是树”又“不是‘不是树’”。

在进行判断时，对于互相矛盾的命题，不能同时否定。

示例如下：

甲：“学生迟到、早退和旷课是违纪行为。”

乙：“学生迟到、早退和旷课是非违纪行为。”

丙：“你们说得都不对。”

甲和乙说的话是互相矛盾的，而丙同时否定了甲和乙，认为“学生迟到、早退和旷课是违纪行为”不对，“学生迟到、早退和旷课是非违纪行为”也不对，那么学生迟到、早退和旷课究竟是不是违纪行为?

我们知道，学生迟到、早退和旷课只有“违纪行为”和“非违纪行为”两种可能，二者必选其一。而丙将两种可能都予以否定，否定了学生迟到、早退和旷课的行为是“违纪行为”，又否定学生迟到、早退和旷课的行为是“非违纪行为”，显然是不符合逻辑的。

生活中，有些人在作出判断或者发表意见时，含糊其词，模棱两可，貌似有所断定而实无所断定，“这件事说对也对，说不对也不对”，这就是违反排中律的逻辑错误。

对于孩子而言，违反排中律常常是因为对“是”与“非”认知不足，或者把具有矛盾关系或意义相反的思想混为一谈，而这会导致认知上的不确定和混淆。

鉴于此，在教育孩子的过程中，家长有必要让孩子把握好是非界限，掌握是非曲直的常识。在重大问题面前，要教会孩子根据自己的认识或判断，选择其一来表明自己的态度，不要折中，不要骑墙，不要采取含糊其词或模棱两不可的态度。当然，这种能力并非与生俱来，而是需要培养的。

每个孩子在其生命的最初，都宛若一张白纸纯净，等待着父母去描绘，父母描画出什么，他们的脑子里就会留下什么。孩子最初判断是非的标准都是以家长对此事物的态度、情绪、情感来作为自己判定的参照物。凡是父母肯定的东西就是正确的，父母认为是错的，孩子也就认为是错的。

这就需要家长给孩子做好“榜样”，在重大问题上明辨真假和是非。在做好自己的基础上，还要在平时向孩子灌输是非观。比如，告诉孩子哪些言行举止是善意的，哪些言行举止是恶意的。哪些是可以做的，哪些是坚决不能做的。教会孩子如何去辨别谎言、欺骗，该信什么，不该信什么等。

这些正确的观念和思想，有助于提高孩子的认知水平。当遇到相关的问题时，他们也就知道如何做是正确的，进而做出明确的是非判断，规避排中律的逻辑错误。

当孩子因为认识不清而犯错时，家长不要第一时间责怪或打骂。孩子的认知水平并非一两天形成的，遇到这种情况，要耐心细致地为孩子分析、解释，引导孩子自己发现逻辑中的错误，然后再一起讨论解决问题的思路，这是真正有助于孩子提高逻辑思维能力的有效途径。

神奇小逻辑 玩出大智慧

小媛和小薇是高老师的学生，两人一起问高老师的生日是哪天。高老师没有直接回答，而是给出四个选项。接着，高老师偷偷告诉小媛自己是5月份生日，又偷偷告诉小薇日期是25号。你能推断出高老师的生日是哪天吗？

A. 3月5日

B. 5月5日

C. 3月25日

D. 5月25日

正确答案：D。

高老师告诉小媛自己是5月份生日，那么排除A和C，因为高老师的生日不可能在3月。

高老师告诉小薇日期是25号，那么排除A和B，因为高老师的生日不可能在5号。

如此，高老师的生日为5月25日。

第八章 超有趣的逻辑实验，让心智“打怪”升级

逻辑来源于生活，兴趣是最好的老师。挑战各种逻辑实验，学中做，做中学，边实践边思考，边行动边调整，会让孩子觉得逻辑并不枯燥乏味，而是蕴藏着无数的奥妙，心智就会在原基础上螺旋上升。请坚信，每个孩子都可以激发出无限的思维潜能。

01/ 培养发散性思维的神奇小游戏

思维是大脑特有的认识活动，通常具有三种形态模式：一种是形象或直觉思维，一种是抽象或逻辑思维，还有一种是特异思维，主要表现为灵感，就是大脑中偶然出现的念头或设想。比如，我们在做作业时遇到一个难题，冥思苦想也没有思路，忽然看到一个数字，眼前一亮茅塞顿开。

这是为什么？这是大脑内的特异思维所起的作用。大脑存在静息网络，这是一种低频率的大脑活动形式，又被称为“暗能量”，存在于大脑的潜意识之中。特异思维就属于一种“暗能量”，运行在大脑的潜意识之中，所以我们经常无法觉察到它的运行状态，甚至不能够用语言进行描绘。

听起来特异思维是心血来潮的“产物”，那些凭借灵感就能有所作为的孩子，在普通的认知观念中，似乎比常人更聪明，成才成功也往往更容易。但事实是，这种思维是我们在解决问题的过程中，经过深入而艰苦的思考，思维处于高度活跃的状态，由于偶然原因的刺激，才会点燃的“火花”。

那么，如何开发和培养孩子的特异思维呢？特异思维的关键在于，需要摆脱固有的思维模式。针对某一问题，既不受现有知识的限制，也不受传统方法的束缚，要从多角度、多侧面、多层次、多结构去思考，得出多端、新颖、无限、灵活的答案。说白了，这就是一种发散性的思维。

发散思维是由一个起点或多个起点向外发散，儿童期是大脑发育的黄金期，不仅发育速度快，灵活性强，而且具有很强的可塑性，最适合发展发散思维。

这里有一道有趣的测试题：

0是8的一半，对不对？

“0”怎么可能是“8”的一半！如果你是第一次听到这个命题，一定会想很长时间，最终的结果是“哦！0是一个圈，8是两个圈，所以0是8的一半”。

现在有了这个答案，这时，再问你一个问题：

3是8的一半，对吗？

你一定很快就想到“3是两个半圈，8是两个整圈，所以3是8的一半”。

这个有趣的测试题在带来快乐的同时，给我们两个启发：发散思维需要摆脱固有的思维模式，我们见到“0”和“8”，只能想到它们代表的数目，看到“0是8的一半”这样的命题，首先想到从数目上去比较，而这种比较是不可能得出命题中的结论的。“0”是一个圈，“8”是两个圈，这只是数字的形状，而这种形状很少有人注意，这种被人忽略的特征正是超出固有思维的模式。

生活中，我们可以多和孩子玩带有发散性思维的游戏。

（1）一题多解

一个题目的答案是唯一的吗？在好多情况下是肯定的。正因为这种大多数的肯定，孩子在找到一道题的答案后，很少去怀疑有没有第二种答案。可事实上，科学史上重要的发现都是从“有没有别的答案”这样的怀疑开始的。当孩子试着寻找不同答案的时候，也就是改变思维方式的开始。

问问孩子，木头有多少种用途？

当然，从功能上讲，木头可以建造房子、制造家具、烧火做饭等，不过这些功能都是生活中常见的，缺乏变通性，不妨引导孩子往不同领域思考，比如木头可以做地标、做尺子画直线，或者做成艺术品等。不是每个题目都能找到多种不同答案，却可以引导孩子从不同的角度去思考。

大脑的思维空间是无限的，就像木头一样，至少有亿万种可能的变化。只要在思维上灵活转变一下，就不会被惯性思维的框框困住。

（2）因果发散

所谓因果发散，就是围绕某个事物发展的原因和结果进行思考。带孩子玩“如果……将会……”的游戏，“如果你的职业是警察，你的生活将会是什么样子？”“如果地球不再公转的话，这个世界将会怎样？”在大脑中构建丰富生动的故事场景，这有利于培养孩子丰富的想象力和思考力。

切记，这里没有标准答案，也没有对错之分，无论孩子说了什么，都不要否定和评判，而是全然地接纳，如此孩子才能在没有顾忌没有负担的情况下自由思考、灵活探索。

（3）联想游戏

对于发散性思维，重要的是展开联想——看见某个事物，想起另一事物。联想的方法是多种多样的，之前我们已经有所提及，如相似联想、接近联想、对比联想等。

有一个游戏叫作“十八猜”，非常能锻炼孩子的联想能力。

规则如下：一个人在纸板上写字，其他人猜想写的什么字。在大家猜的时候，写字的人也就是出题人只需回答“是”或者“不是”，一共可以猜18次。

“十八猜”是我和女儿经常玩的游戏，例如我在纸板上写下“香蕉”，然后让女儿通过问问题的方式来猜我写的是什么。“是两个字吗？”“我认识吗？”……

这个游戏可以引导孩子有针对性地进行联想，通过积极地调动大脑的智慧，通过回忆、分析、对比等，有逻辑地逐步缩小范围。

最后，我想说：“天才是1%的灵感，加99%的汗水。”真正将这类思维游戏注入孩子的生活，注重引发孩子思考的体验，去打开脑洞，是我们每一位父母必修的课题，也就是我们所说的“亲子游戏力”。当孩子真正乐在其中，特异思维的开发和培养就会是自然而然的结果。

神奇小逻辑 玩出大智慧

这里有两个空瓶子，容量分别为5升和3升。请问如何精确的称出4升水？水不限量。

答案解析：

第一步，将3升瓶装满水，倒入5升瓶；

第二步，3升瓶再次装满，再次倒入5升瓶，3升瓶里剩1升；

第三步，将5升瓶里的水倒出；

第四步，将3升瓶里的1升水倒入5升瓶；

第五步，将3升瓶再次装满，再次倒入5升瓶，即可得到4升水。

02/ 风靡全球的“逻辑狗”为什么有用

如今，越来越多的家长意识到了培养孩子逻辑思维的重要性。不少人也都问我，要不要给孩子报个培训班？在我看来，逻辑思维的培养不可能是速成的，而是需要漫长的学习与积累。大人有时间，肯花心思，利用适合的教具，陪伴孩子好好练习，帮孩子养成良好的思维习惯，这才是最好的教育。

所谓“适合”，就是适应孩子的喜好和接受能力，比如德国畅销多年的经典逻辑启蒙教材 “逻辑狗”。但凡对逻辑思维启蒙有点了解的家长对“逻辑狗”一定不陌生，因为“逻辑狗”在儿童逻辑思维训练方面的“江湖地位”，相当于英语启蒙中的“牛津树”、语文学习中的“新华字典”。

我一直强调，好的逻辑思维能力并非天生，而是后天培养的结果。那么，风靡全球的“逻辑狗”为什么有用？在于它根据孩子的不同年龄段设置了不同学习阶段，把图形和颜色、观察和比较、形状和大小、分类和排序、数和数字、季节认识、生活知识等一系列认知能力培养，融合到了有趣的手脑相结合游戏中。每个阶段的训练方向都不同，也会随着阶数的提高加深难度。

“逻辑狗”称得上百科全书+游戏宝典的综合体，它以各个主题内容的学习为基点，通过孩子感兴趣的操作形式，引领他们不知不觉进入到逻辑思维世界，进而在轻松快乐的游戏中，全面提升观察能力、推理能力、语言运用能力、数学逻辑能力、手眼协同能力、专注力、分类能力等多元能力。

这就将看似抽象复杂的思维训练，变成了轻松好玩的游戏。

使用“逻辑狗”时，需要遵循四个步骤。

步骤一：把学习卡插进智力模板，并把彩色按钮移到模板下方的凹槽。

步骤二：认真阅读本页题目，搞清楚问题设置的题意。

步骤三：仔细观察画面，带着问题寻找答案，在答案栏中进行配对，并把彩色按钮移动到相应的凹槽。

在解题过程中，家长可根据实际情况，对孩子进行适当的引导。

示例引导过程：

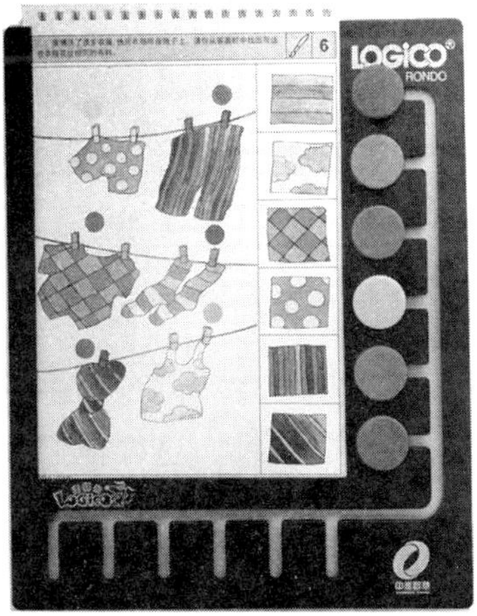

家长：家长指左边题目里的短裤，问：“这条短裤上有

什么图案？”

孩子：“圆形的圈圈”。

家长指右边选项中的图案，问：“右边这排的图案，哪个和它一样？”

如此，孩子就会在右侧选项中找出一样的图案。

步骤四：做完题目后将学习卡翻转，按钮的颜色和背面的答案栏排列顺序一致，说明答题正确。否则，存在错误。

学习卡背面除了提示正确答案外，还有涂画、连线、剪贴、迷宫、手工等亲子互动游戏，这些游戏是正面游戏的强化和延伸，可让孩子对所学知识进行复习和巩固。

考虑到孩子的年龄较小，认知和学习能力有限，“逻辑狗”不建议一天做很多页，最好保持在每次做1—2页就可以，也可以每次只做一个游戏，让孩子养成每天坚持学习的习惯，循序渐进地进行训练，反而能够取得更好的效果，并有助于培养孩子做事的有序性、计划性和条理性。

在坚持学习的过程中，孩子难免会有厌烦的时候，进而丧失玩下去的兴趣。“逻辑狗”一本一个主题，为了避免学习的单调感，可让孩子轮换着不同主题进行学习，保证孩子的好奇心与兴趣的持续，这样他们就能更好地坚持下去。让孩子保持学习的兴趣，不能强制要求，需要家长用心引导。

在这个过程中，孩子可能会出错。这是很正常的，不是坏事，家长切莫心急。因为建立思维能力的必经之路，就是不断地尝试和纠正。当孩子第一次出了错，尽量让孩子自己去找出错误，并且重做。错的还错时，适当给孩子讲解引导，在日常生活多多练习，往往是几次之后再做就“可以”了。

神奇小逻辑 玩出大智慧

假设某学校所有学生都考试及格了，那么本校学生小明(　　)

A. 尚不确定

B. 考试及格

C. 考试不及格

正确答案：B。

答案解析：所有学生都考试及格了，小明属于本校学生一员，在这里“小明”和“所有学生”是个体和共体的关系，“小明”具备共体的特征。

03/ 和孩子一起搭建“思维积木”

玩耍是每一个孩子的天性，如果这世上有哪样玩具是不可或缺的，那一定是积木了。众所周知，玩积简单却极富趣味，可以玩出各种花样，有效锻炼孩子的手脑协调，培养孩子的注意力，开发孩子的逻辑思维，可谓好处多多。但积木搭建是不是让孩子愉快地玩耍、搭建出一件物体就结束了？

在这里我决定分享的，是自己的一个失败案例。

女儿一岁半的时候，我就准备了一堆积木。因为我获得的各种信息都告诉我，玩积木对于开发智力如何如何好。为了让女儿更好地投入到这个游戏中，我还专门购买了一套积木拼图大全。“你喜欢这辆小汽车吗？照着参考图摆摆吧”……我总是这样要求女儿，认为这属于创造性能力。

一开始女儿还玩得不亦乐乎，但渐渐地，她的兴致越来越低。既然她不喜欢，那就算了吧，之后那堆积木被束之高阁。直到有一天，我带女儿参加一个积木教学机构试听，突然发现了问题：我总让女儿照着参考图摆积木，这导致她的自由搭建能力降低，即便简单的图案，离开图纸她也会茫然。

无法依靠自己做出成型的东西，于是，女儿对积木的兴趣渐渐丧失了。这也警醒了我，积木游戏讲究科学正确的玩法，我们不能满足于让孩子愉快地玩耍、顺利搭建出物体的简单目标，重要是利用积木和孩子搭建“思维积木”，即没有既定的图纸和固定的模型，开发思维玩出更多的花样。

这是一种完成自由的思维，任意挑选出多种不同种类的积木，让孩子充分发挥想象力和创造力，搭建出一个个全新的模型。记住，这里没有对错好坏之分。

后来，当我鼓励女儿再一次尝试玩积木时，她将两个长条积木一上一下连接，在上面放了一个正方形的积木，然后又找了一个半圆形的积木。

“这是什么？”我微笑着问。

“家家。”女儿回答。

“这是谁的家家？”我追问。

“我们。”女儿回答。

“哦，很漂亮呢！”我鼓励道，“这个家家里有什么？”

接下来，女儿开始用稚嫩的语言编故事，那是一个温馨的家庭，有勤劳的爸爸，有温柔的妈妈，还有美味的零食等。很显然，这是一次成功的游戏，不仅发挥了女儿的想象力，还培养了她的语言表达能力。所以，对于玩积木，我现在的心得是：一定要给孩子足够的时间去做自由搭建工作。

为此，我专门总结了一套积木游戏引导策略循环架构。

（1）提问启发

在搭建积木之前，孩子会有意识地先在大脑内进行建构，此时家长无须以建议或意见等进行干涉。当然，为了确保孩子顺利进行构建，我们可以适当利用提问进行启发。“你想好怎么搭了吗？”“能告诉我你想摆个什么吗？”……类似的开放式提问可以以最少介入的方式启发孩子的自由探索。

（2）讨论引导

在搭建过程中，我们可以引导孩子进行经验分享、结构特征描述，并发表自己的建构想法。“你是怎么想到这种搭法的？”“好好想想，有什么好办法可以搭得更稳？”这会引导孩子积极对自己的建构进行反思和审视，也可以给孩子提供逐渐精进的思考层次，进而锻炼逻辑思考与问题解决能力。

（3）表征联系

逻辑思维能力的培养，不仅仅在于发现，还在于创造。无论孩子利用积木摆出了什么形状，我们都可以鼓励他们进行内在表征与外在工具之间的联结。比如，将大小、数量不同的积木进行比较，让孩子分辨哪个大哪个小、哪个轻哪个重。在不断的尝试中，就可以建立起大小、重量等概念。

安静地摆弄着积木，看上去无精打采的样子；总是重复搭建一样的图案，而没有太多变化；不知如何搭建积木，表现出为难或放弃的态度……如果孩子搭积木时处于这些常态，家长就得及时注意了，这说明孩子借助积木进行逻辑建构的水平已经开始停滞不前，他们需要引导和帮助了。

积极参与到孩子的搭建活动中，通过提问启发、讨论引导、表征联系等途径，引导和帮助孩子去观察和思考，更好地进行自由搭建，并在反复练习中形成自身的独立性、专注力、秩序感、逻辑力、创造力等；及时更换或补充家中的积木，从数量、种类和形状方面提供更丰富的积木材料……

神奇小逻辑 玩出大智慧

根据上面两个图案的变化规律，画出下面的图案会是什么样子？

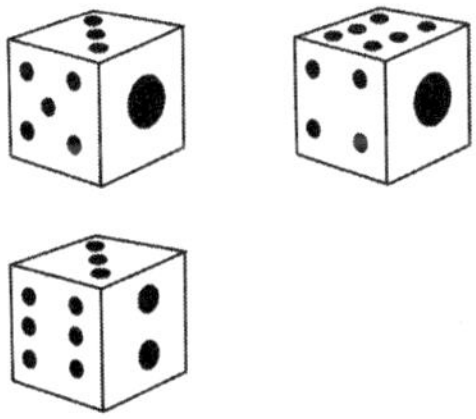

04/ 番茄 ToDo：一个神奇的逻辑工具

新时代的竞争比的是什么？能力？人脉？技能？……似

乎这些都对，然而很多成功人士靠的并不是这些；而有的人即便拥有以上优势，发展并不一定顺利。因为，在这些资源之外还有一种很容易被忽略的资源——时间。这是个讲究高效率的社会，在最短的时间里得到最大的收益非常重要。

遗憾的是，对不少孩子而言，时间是一个非常模糊、抽象的概念，他们一般体会不到时间的重要性，也不会像成人一样具有时间紧迫感。比如，有的孩子在做作业的时候总是磨磨蹭蹭，注意力也不集中；有的孩子明明有一系列计划，做事却总是杂乱无章，半途而废的例子比比皆是。

这些现象都是缺乏时间观念的表现，同时也从侧面折射出逻辑的欠缺。

可能有人会质疑，时间和逻辑有关系吗？当然有。我们知道，逻辑从本质上是对客观规律的认识，这需要时间去发生和发现，比如黑夜白昼轮转、春夏秋冬四季、生根开花结果。而时间的发展往往也遵循固定的模式，比如太阳的东升西落昼夜交替。据此可知，逻辑确实和时间有关。

那么，该如何培养孩子的时间观念，让孩子的逻辑能力得到很好的训练呢？在这里，推荐一个神奇的逻辑工具——“番茄ToDo”。所谓“番茄ToDo”，是以 25 分钟作为一个基本单位，在此期间集中精神学习、思考或者做事等，每25分钟后休息 5 分钟，4 个25分钟后休息 15 分钟。

不难看出，“番茄ToDo”的操作十分简单：

第一，选择需要处理的事项，作为当前的任务。

第二，设定一个 25 分钟的倒计时，作为特定时间段去完成。

“番茄ToDo”究竟有什么用？相信很多人都有过这样的经历：当领导说这项工作什么时候做出来都行时，你很难集中精力做这件事，思想上总觉得不着急，还有时间，因此工作动力也就大打折扣。相反，如果领导要求你1小时内完成某项工作，这时你会使出全身解数，全力以赴去完成。

“番茄ToDo”规定的是结束时间而不是开始时间，同样的道理，在学习过程中，你最好也要明确规定孩子的学习时间。

“从××点钟开始学习”，这是许多家长督促孩子学习时经常说的话，从孩子的角度来看，“从××点钟开始学习”，是一种无限期学习，只会导致孩子丧失学习动力。“25分钟之内必须完成……”有限的时间则会给孩子带来一种无形的推动力，从而促使他们主动积极地投入到学习中。

孩子缺乏时间观念，往往是因为尚未认识到时间对自己来讲意味着什么。要想更好地将“番茄ToDo”执行下去，就要想办法让孩子认识时间的意义，在孩子的卧室张贴名言警句作为提醒，讲成功人士珍惜时间的故事，或者让孩子自己去品尝磨蹭的自然后果，自觉地加快自己的速度。

缺乏时间观念的孩子往往注意力容易分散，容易受外界的干扰，他们的意志品质和注意品质都比较差。一个“番茄ToDo”只有25分钟，在这一时间段内，营造安静、整洁的学习环境，对孩子来说尤为重要。

作为家长，我们要帮助孩子充分做好学习前的各项准备工作，如把需要的书本、文具等学习用具整理好，把与学习无关的东西收拾到一边，保证书桌的干净、整齐等，让孩子力争做到不说话、不喝水、不上厕所、不吃东西……不分心做其他的事情，父母也要尽量保持安静，不打扰，不影响。

为什么“番茄ToDo”指定的是25分钟呢？这主要是考虑到了孩子的注意力持续时间。研究表明，学习开始后的前几分钟效率较低，随后上升，15分钟后到达顶点；5—10岁的孩子注意力稳定的时间为20分钟，10—12岁为25分钟，12岁以上为30分钟。鉴于此，25分钟是个比较合理的时间。

然而，这并非必须固定的一个时间段，也并非要求所有孩子，所有事项，都必须遵从25分钟的时间设定。我们说过，每个孩子都是不同的个体，在制定“番茄ToDo”时，我们还要充分考虑孩子年龄、能力、性格等，根据孩子的实际情况做出适当调整，尽量把时间设置在合理范围之内。

“番茄ToDo”最重要的功能是透过事先的规划，作为一种提醒与指引，使孩子更形象地认知时间的构成和利用状况，以便督促自身依照计划去做事，进而使时间价值最大化。

当然，不管制定了多长时间，重要的就是实践和坚持。

只有严格地要求孩子，让孩子理解这种安排的意义，逐步参与进来并形成习惯，才能增强教育效果。一个孩子若能在有限的时间里做更多的事，也就可以做出大成绩，赢得高效率，赢得时间能够给予的一切，包括自己的未来。

神奇小逻辑
玩出大智慧

校车每隔5分钟开出一班，小红想搭乘7：20的一班校车，可是赶到地点时已经7：22分，从这里坐车到学校需要 15 分，小红几点可以赶到学校？

正确答案：7：40。

答案解析：

小红需要再等3分钟，搭乘7：25的校车。

从这里坐车到学校15 分，再加15分钟，即7：40。

05/ “PDCA”打造
螺旋式上升的成长通道

在学习和成长的过程中，孩子犯错并不为过，甚至可以说是一种正常现象。可是，当孩子总是不长记性，错误一犯再犯，就是令家长担心和发愁的事情了。

有什么解决办法呢？——借助“PDCA”模式。

PDCA是逻辑上的一个比较完整的闭环模式，由“P”“D”“C”“A”四个字母组合而成，每个字母代表不同的含义：

P——计划（Plan），包括目标和计划的确定。

D——执行（Do），设计具体的方案、方法和运作，这是对计划的具体化和细分化。

C——检查（Check），总结执行过程中的问题，目标的完成度如何？分析哪些做对了，哪些做错了，找出问题、原因和解决方案。

A——调整（Action），根据判断做出有效的修正方案。

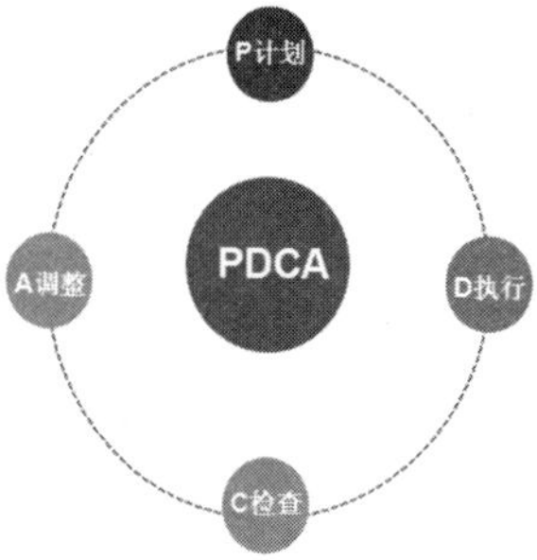

“PDCA”模式

PDCA其实是个比较简单的概念，大多数孩子都能理解和运用。说白了，这就是要做事之前先做计划（P），计划完了以后实施（D），实施过程中及时检查（C），检查执行结果是否达到了预期，分析影响的因素、出现问题的原因，并提出解决的措施，然后再把检查的结果进行改进和改善（A）。

自从钰钰升入五年级后，妈妈每天都会嘱咐她要用功学习，争取考出好成绩，为此还专门制订了一个学习计划。可是事与愿违，钰钰学习很刻苦，但是学了很多的知识，做了数不清的题，错误并不见少；学习的知识越多，出现的错误越多，不知道怎么才能尽快补上，还出现了厌学情绪。

“马上就要面临小升初，我们该怎么办？”钰钰妈妈愁眉苦脸的追问。

经过一段时间的观察，我向钰钰妈妈推荐了“PDCA”模式。比如，出现错误时及时整理，仔细分析出现错误的原因，并写出正确的答案，并总结解题思路，寻找解题规律；学习一段时间后，引导钰钰想想哪些知识自己还没有掌握，找出自己比较薄弱的方面，然后再对这些知识点及时进行弥补……

一段时间之后，钰钰的成绩有所提升，学习也越来越带劲儿。

具体来说，PDCA可以通过“检查”，发现“错误”和“短板”，再把“错误”变为“经验”，把“短板”变为“优势”。

人们常说“吃一堑长一智”，“不要在同一个地方摔倒两次”。其实，孩子学习和成长的难点并不在于掌握了多少知识，就在于能否及时纠正错误、查漏补缺，即明确哪些方面是自己的弱项，哪些知识点掌握得还不够全面、熟练，还存在欠缺，然后针对这些问题，有计划、有步骤地加强练习。

例如，很多孩子为写作问题而发愁，不知道该如何进行训练。

按照PDCA模式，可以这样做：

第一，第一时间内先列个作文大纲，明确自己要重点阐述哪些内容，需要搜集到哪些资料和素材，需要多长时间来完成等。

第二，按照计划付诸执行，在规定时间内完成作文。

第三，完成作文之后提交，由老师或家长审阅检查是否合格。

第四，老师或家长检查之后提出修改意见。

接着，再次进入新的PDCA循环，根据老师或家长意见作出修改……

当最终定稿时，一篇合格的作文也就完成啦！

无论做什么事情，我们都需要一个目标，然后伴随着这个目标前进，去分析问题，去执行，然后检查，最后调整问题，总结，再进入下一个循环。由此可见，PDCA循环是一个持续改善的工具，可使孩子的思路变得更加条理化、系统化、科学化，并带领自己进入一个螺旋式上升的通道。

那些聪明优秀的孩子，之所以厉害就在于他们经常思考、复盘、反省和总结，通过对内的深度探索，梳理成功和失败的经验，把这些实战经验进行内化，不断提升个人的逻辑思维能力，从而达到了普通孩子不可企及的高度。

神奇小逻辑
玩出大智慧

小白拿着27元到超市购买饮料，老板告诉他，3元钱可以买一瓶饮料，3个饮料瓶可以换一瓶饮料。那么，小白可以买到多少瓶饮料。

A. 9

B. 12

C. 13

D. 14

正确答案：C。

答案解析：27÷3=9，小白可直接购买9瓶饮料。

9÷3=3，9个饮料瓶可再换3瓶饮料。

3个饮料瓶还可再换1瓶饮料，共计13瓶。